LA MORT DV GRAND PROMEDON OV LEXIL DE NEREE

TRAGI-COMEDIE.

A PARIS,

Chez TOVSSAINT QVINET, au Palais
en la petite Salle, sous la montée de la
Cour des Aydes.

M. DC. XXXXV.

AVEC PRIVILEGE DV ROY.

PERSONNAGES.

ALEXANDRE, Prince de Naxe.
PROMEDON, frere d'Alexandre.
POLIARQVE, seigneur de Naxe.
CLEANTE, seigneur de Naxe.
ALCIPE, seigneur de Naxe.
EPIDORE, seigneur de Naxe.
AGENOR, seigneur de Naxe.
OLIMPE, femme d'Alexandre.
POLICRITTE, Dame Naxienne.
CLIMENE, suiuante de Policritte.
NEREE, Princesse Millezienne.
IPSICREON, Roy des Milleziens.
MAGNETIE, General des armées d'Ipsicreon.
THEMISTOCLES, Capitaine Mille-zien.
EGISTRATE, Escuyer de Magnetie.

LA SCENE EST A NAXE

POLICRITTE
TRAGICOMEDIE.
ACTE I.

SCENE PREMIERE.

ALEXANDRE, POLIARQVE, EPIDORE, ALCIPPE, AGENOR,
& quelques autres Capitaines tenant Conseil.

ALEXANDRE s'esleuant en colere.

On ne me parlez plus de renuoyer
    Nerée,
Ie dois tenir ma foy puis que ie l'ay
    iurée,
Rien ne peut m'obliger à rompre mon serment
Elle est du sang des Rois, mon frere est son Amant,

A

Elle l'aime, il l'adore, & l'ayant enleuée
En vain deux ans & plus ie l'aurois conseruée,
Sy ie satisfaisois le Prince Ipsicreon
Aux despens de ma Gloire & de sa passion,
Ouy si l'amour de l'vn me parle de la rendre
L'amour de l'autre aussi m'oblige à le deffendre,
Ie dois cherir mon sang ie dois garder ma foy
Et pour tout dire enfin ie dois agir en Roy.
Puis apres tant de maux & de si grandes pertes
Tant d'assauts soutenus, tant d'iniures souffertes,
Tant de biens consommés tant de villes à bas
La mort de tant de Chefs & de tant de soldats,
Bref de tant de malheurs qu'à soufert cette terre
Quel espoir aurions nous en esteignant la guerre,
Sy ce n'est de monstrer par nostre lacheté
Que nous sommes sans cœur & sans fidelité,
Donc sans plus differer qu'on s'apreste à me suiure
Resoluez vous afin de mourir ou de viure.
Et si quelqu'vn de vous craint d'estre mal traitté
Qu'il sorte qu'il s'en aille & viue en liberté.

POLIARQVE.

Sire si nous creignons la raison en est bonne
Ce n'est que pour l'estat & pour vostre personne,
Et vous deuez songer qu'apres mille beaux faits
Le trespas ne sçauroit nous estonner iamais,
Puis que depuis le tẽps que nous portons les armes

Et que nous vous suiuons au milieu des allarmes,
Iamais il n'a paru que pour nous obliger
A chercher la victoire au milieu du danger,
Mais puisque vous voulez prodiguer vostre vie
Et qu'il faut malgré nous contenter vostre enuie,
Ne rendons point Nerée & sans plus discourir
Resoluons nous enfin de vaincre ou de perir.

EPIDORE.

Ouy Sire allons mourir, en hommes de courage
Nous ne pouuons iamais esperer dauantage,
Le trepas est le bien qui nous reste auiourd'huy
Courons donc au deuant pour triompher de luy,
Et sans plus consulter faisons vne sortie
Prenons de nos soldats la meilleure partie,
Et laissons l'autre icy pour sauuer du vainqueur
Nos femmes nos enfans leurs biés & leur honneur.

ALEXANDRE.

Amys quand il s'agit d'emporter la victoire
Moins vn Chef a de force & plus il à de gloire,
Et celuy qui se fie au nombre des soldats
Voit bien souuent la Palme & ne l'emporte pas,
Il ne faut que du cœur pour vaincre toute chose
Et dedans les desseins que l'honneur nous propose,
Il faut aueuglement s'exposer au danger
Puis qu'enfin la fortune ou change ou peut changer,

Mais O Dieux que me veut? cette importune fem-
　me,
Que ne l'empeſchiez vous.

SCENE II.

ALEXANDRE, OLIMPE, DORINDE,
POLIARQVE, ALCIPE, AGENOR,

ALEXANDRE.

Releuez vous Madame,

OLIMPE.

Sire permettez moy d'embraſſer vos genoux
Par les tiltres ſacrées de Monarque & d'époux,
Agreez ce deuoir qu'il faut que ie vous rende
Accordez moy ce bien lors que ie le demande,
Et puiſque ceſt eſtat ſiet bien a mes douleurs
Ne m'empeſchez pas Sire, & regardez mes pleurs,
Ce ſont eux maintenant qui feront ma harangue
Ce ſont eux dont i'attens l'office de ma langue,
Ce ſont eux qui diront quelle eſt mon amitié
Ce ſont eux que ie veux qui vous facent pitié,

Et ce sont eux enfin qui toucheront voſtre ame
Sy vous vous ſouuenez que ie ſuis voſtre femme,
Quoy Sire voſtre eſprit qui n'a point de pareil
Veut il donc reietter l'aduis de ſon Conſeil.
Et lors que vous voyez noſtre perte aſſeuree
Refuſez vous encor de renuoyer Nerée,
Quelle raiſon d'eſtat vous la fait conſeruer
Quelle force auez vous qui la puiſſe ſauuer,
Quel ſuiet vous incite en cette erreur extreme
Et quel fruict aurez vous de vous perdre vous
    meſme,
Vous n'en deuez Seigneur eſperer nullement
Que ſi vous auez peur de fauſer vn ſerment,
Souuenez vous ſeigneur qu'il vous fait vn outrage
Et que plus iuſtement vn plus vieil vous engage,
Outre que par l'honneur vous eſtes diſpencé
De tenir vn ſerment dont il eſt offencé,
Puiſque vous ne pouuez deffendre voſtre frere
Sans proteger vn rapt & preſqu'vn adultaire,
Ie vous parle Seigneur plus librement que tous
Sauuez donc cét Eſtat ſauuez vous ſauuez nous,
Le peuple par ma voix vous demande Iuſtice
Sy vous ne meſcoutez il faudra qu'il periſſe,
Et ſi vous reſoluez de ſortir auiourd'huy
Ie ſuis preſte ſeigneur de perir comme luy,
Vous eſtes mon repos & mon bien & ma vie
Vous eſtes mon plaiſir ma gloire & mon enuie.

A iij

Vous estes mon amour mon espoux & mon Roy
I'aprehãde pour vous beaucoup plus que pour moy,
Et vous deuez songer que viuant en vous mesme
Sy vous mourez Seigneur ie dois mourir de mesme,
Perdés donc le dessein de ne la rendre pas
Lors que vous le pouuez sauuez nous du trespas,
Consideres les pleurs qui beignent ma paupiere
Et pour tout dire enfin exaucez ma priere.

ALEXANDRE.

Madame leués vous & tarisses vos pleurs
Mon ame compatit à toutes vos douleurs,
Ie ressens la moitié du tourment qui vous touche
Vos souspirs ont tiré des souspirs de ma bouche,
Et vos beaux yeux mouillez par l'eau qu'ils res-
*   pandoient*
Ont obtenus de moy tout ce qu'ils demandoient,
Mon cœur a ressenty ce que peut leur puissance
Il á resté contre eux sans force & sans deffence,
Et vous lauez charme d'vn langage si doux
Qu'il cesse d'estre à moy pour estre tout à vous,
Ouy vostre volonté sera tousious la mienne
Et quoy qu'il en puisse estre & quoy qu'il en ad-
*   uienne,*
Ie resouls auiourd'huy ce que vous resoudrez
Et ie ne veux enfin que ce que vous voudrez.

POLIARQVE.

O plaisir sans égal.

EPIDORE.

Changement agreable.

OLIMPE.

Ah Sire ce discours est-il bien veritable
Auray-je la faueur que vous me promettez.

ALEXANDRE.

Madame vous l'aurez & vous la merittez,
Et pour vous tesmoigner comme elle est asseurée
Poliarque ayez soin de renuoyer Nerée,
Depeschés vn Heros deuers Ipsycreon
Qu'il luy face sçauoir ma resolution,
A la charge pourtant qu'il quittera les terres
Qu'il a prise sur nous pendant toutes ses guerres,
Qu'il rendra sans rançon les prisonniers qu'il à
Auec tout le butin qui si rencontrera.

POLIARQVE.

Sire ie le vays faire auecque diligence,

ALEXANDRE.

Madame vous voyés quelle est vostre puissance
Ce que n'ont peu ces Chefs vous le pouuez sur moy,

Pour vous ie fauceray ma parole & ma foy
Et sans considerer le coup que ie vay faire
Iose & i' entreprés tout seulemét pour vous plaire.

OLIMPE.

Sire ce rare effet de generosité
Vient moins de mon pouuoir que de vostre bonté
Ie ne merite pas.

SCENE III.

ALEXANDRE, OLIMPE, DORIN-DE, EPIDORE, ALCIPPE, AGE-NOR, CLEANTE.

ALEXANDRE.

MAis i' aperçois Cleante
Hors d'haleine & touché d' vne extreme épouuäte,
Qui t' amene en ces lieux qui cause ton effroy.

CLEANTE·

L'estonnement que i' ay vous le dit mieux que moy
Et vous cognoissés bien en voyant mon visage,
Que ie vais maquitter d' vn funeste message,
dis

ALE-

CLEANTE

Sire Ipsycreon apres de grands efforts
Malgré tous nos soldats à forcé nos dehors,
Pris nostre Lieutenant & fait perdre la vie
A deux cens des meilleurs de nostre Infanterie,
Enfle de ce succez & secondé de Mars,
Il nous à poursuiuy iusque sur nos Rempars
Que nous aurions quitté, & ce fier aduersaire
Sans la rare valleur du Prince vostre frere,
Il a dans cét assaut tesmoigné tant de cœur
Chargé les ennemis auec tant de vigueur,
Et fait des actions si dignes de memoire
Que l'on n'en peut parler auec assez de gloire,
Ie l'ay veu tout couuert de pousiere & de sang
Rasseurer les fuyards, combatre au premier rang,
Repousser l'ennemy qui couroit au pillage
Et remplir nos fossez de morts & de carnage
Toutefois le combat n'est pas encor cessé
Autant qu'auparauant nostre mur est pressé,
L'ennemy donne aux siens vne nouuelle audace
Et i'ay peur qu'à la fin il n'emporte la place,
Car si vous n'enuoyez du secours promptement
Il est en son pouuoir de nous vaincre aisement.

ALEXANDRE.

Ah ! Dieux que doy je faire apres cette nouuelle,   B

La pitié me retient lors que l'honneur m'apelle,
Et ie me voit reduit en ce dernier estat
De demander la paix au millieu du combat,
Cependant mes amis puis que le besoin presse
Allez courez vollez & cy le combat cesse
Que du plus haut des murs & des tours du Pa-
lais
On donne aux ennemis le signal de la paix,
     Ie vous suis

SCENE IIII.

ALEXANDRE, OLIMPE, DORINDE,

ALEXANDRE.

Vous pleurez que craignez vous Madame.

OLIMPE.

Ie crains en vous quittant d'abandonner mon ame
Ie ne m'ose flater du bien de vous reuoir,
I'aprehende vn malheur que i'ay peur de sçauoir
Tentost mon trop d'amour me deffen l l'esperance,
Tentost vostre valeur me met en asseurance
Et dedans cét instant i'entretiens en mon cœur
Le desespoir, l'amour, la tristesse & la peur.

Madame vos soupçons ont trap peu d'aparence
Chaffez le defefpoir, conferuez l'efperance,
Et gardant feulement l'amour dans voftre cœur
Etouffez pour iamais la triftesse & la peur,
Mais ie vois nos foldats.

SCENE V.

ALEXANDRE, OLIMPE, DORIN-DE, EPIDORE, ALCIPE, AGE-NOR, CLEANTE.

ALEXANDRE.

AH! la ville eft perdue
Là t'on prife d'affault, c'eft elle deffendue,
Mes gens m'ont-il trahy reftay-je mal-heureux,
Puif-je mourir encor en homme genereux
Mon ennemy vient il efprouuer mon courage,
Vient il dans mon Palais m'ordonner le feruage
Dittes ne craignez point puifque ie ne crains pas
Vous auez veu mon cœur vous verrez mon trefpas,
Et de quelque façon que le malheur nous braue
Ie fçauray bien mourir & non pas eftre efclaue.

B ij

EPIDORE.

Sire ie ne ſçay pas mais ayant rencontré
Le Prince voſtre frere au bas de ce degré,
Et voyant qu'il venoit eſchauffé de colere
Nous reuenons ſçauoir ce qu'il eſt bon de faire.

ALEXANDRE.

Mais ie le vois paroiſtre, il s'aproche d'icy,
Poliarque reuient.

SCENE VI.

ALEXANDRE, OLIMPE, DORINDE, EPIDORE, ALCIPE, AGENOR, CLEANTE, PROMEDON, POLIARQVE.

PROMEDON.

O*Vy Sire le voicy*
Et ie viens maintenant vous demander vengeāce
Et du tort qu'il m'a fait & de ſon impudence,
Il a trop abuſé de voſtre Maieſté
Et ſans voſtre reſpect ie l'aurois mal traité.

Et n'aurois pas souffert vne iniure si haute
Sans esteindre en son sang mõ courroux & sa faute
Comment quand ie venois de sauuer le rempart
Il m'est venu trouuer comme de vostre part,
Me disant qu'il falloit pour garder nostre terre
Chasser hors de chez nous l'obiet de cette guerre,
Et qu'il alloit suiuant cette commission
Deputer vn Heros deuers Ipsycreon.

ALEXANDRE.

Vous n'auez pas suiet de vous mettre en colere
Mon frere il n'a rien fait que ce qu'il a deu fairè,
Le Conseil la voulu , ie l'ay promis aussi
Et c'est sous mon adueu qu'il vous parloit ainsi.

PROMEDON.

Quoy donc sous vostre adueu l'on me tien vn lan-
  gage
Qui blesse vostre honneur & me fait vn outrage,
Quoy donc sous vostre adueu l'on me perse le sein
Quoy vous authorisez ce perfide dessein
Et sans vous souuenir que ie suis vostre frere
Vous ayez commandé ce que vous n'osez faire,
Ah si vous desirez vous deffaire de moy
N'allez pas plus auant tenez vo'la de quoy ,
Prenez ce fer en main & suiuant vostre enuie
Pour vous mettre en repos arrachez moy la vie.

A iij

Et sans considerer quel sang vous repandrez
Oubliez qui ie suis lors que vous me perdrez.

OLIMPE.

Seigneur souuenez vous de mon amour extreme.

ALEXANDRE a son frere.

Finissez ces regrets croyés que ie vous aime
Mais la raison d'estat dans le trouble ou ie suis,
En voulant tout pour vous fait que ie ne le puis.

PROMEDON.

Cette raison d'estat n'est qu'vne foible excuse
Puis qu'en l'authorisant vostre sang vous accuse,
Et que mesme l'honneur la nature & la foy
Vous monstre vostre faute & vous parles pour moy,
Car pour ne rien cacher & pour ne vous rien taire
Quel honneur aurez vous de quitter vostre frere,
Et d'aller tesmoigner vne si lasche peur
Alors Ipsycrion est presque le vainqueur
Et qu'il est en estat de ne vous plus permettre
D'vser de la faueur qu'il à peu vous promettre,
Mettons à part le nœud qui nous peut engager
Et ne me regardant que comme vn estranger,
Songez que ie pouuois trouuer vn autre azille
Et qu'en mourant vos bras ainsi que vostre ville,
Vous m'auez empesché d'estre plus seurement.

Qu'en fin ie m'asseuray dessus vostre serment,
Et que ie ne fis rien lors que vous me receustes
Que l'accomplissement du plaisir que vous eustes
Apres souuenez vous qu'aumoins vous estes Roy,
Que Nerée est Princesse & quelle est vostre foy
Que si vous la rēdez vous vous couurez de blamē
Bref que ie suis Amant vous mon frere elle femme.

ALEXANDRE.

Ah Dieux ie n'en puis plus ie succombe ie meurs
Et mon esprit se rend à ces viues douleurs,
Ie ne sçay que choisir en ce desordre extreme
Ie ne me cognois plus ie me cherche en moy mesme
Et demeurant confus ie suis reduit au point
De vouloir tout ensemble & de ne vouloir point.

OLIMPE.

Souuenez vous seigneur que ie suis vostre femme.

PROMEDON.

Que si tant de raisons ne touche point vostre ame
Pour la rendre auiourd'huy capable d'amitié,
Rendez là seulement sensible à la pitié
Ouy sans considerer que mon sang est le vostre
Faites moy la faueur que i'attendrois d'vn autre,
Regardes ce bouclier percé de toutes parts
Des coups que i'ay receus en sauuant nos ramparts,

Le sang de l'ennemy qui rougit cette lame
Le mien qui coulle encor pour esmouuoir vostre
    ame,
Et pour vous asseurer que mon sort sera doux
Sy ie respans le reste en m'emploiant pour vous,
Apres considerez qu'il seroit inutile
Lors que nous n'auons plus que cette seulle ville,
En que nos ennemis ont gaigné nos dehors
De ne plus témoigner de genereux efforts.
Et d'aller laschement les prier & nous rendre,
Lors qu'ils ont resolu de ne nous plus entendre,
Non pour si mal finir i'ay trop bien commencé
Car quand ils sont venus dedans nostre fossé,
Auec tous leurs beliers & toutes leurs machines
Pour accabler nos murs sous leurs propres ruines,
Mal gré le grand succez qu'ils pouuoient esperer
I'ay deffendu la bresche & l'ay faict reparer,
Et donnant aux plus fiers la mort ou l'epouuente
I'ay fait ietter des feux & tant d'huille bouillante
Et fait agir ma trouppe auec vn si grand cœur
Qu'il se sont retirez & m'ont l'aissé vainqueur.

OLIMPE.

Seigneur songez au peuple, à vous à vostre femme,

ALEXANDRE.

Helas que deuiendrai-je.

PROMEDON.

'Ah iuſtes Dieux Madame
He quoy voulez donc eſtre encor contre nous,
Pour y voir tout le monde il n'y reſtoit que vous
Mais mon frere ſoyez plus iuſte & moins ſeuere
Partout ce que i'ay fait, par ce que ie vay faire,
Obligez ce que i'aime, & ne permettez pas
Que l'on ſigne ſa perte ou pluſtoſt mon treſpas
Sauués nous auiourd'huy des coups de la tempeſte
Tenés voſtre parole acordes ma requeſte
Et reſouuenés vous qu'vne telle faueur
Me va faire combatre auec plus de feruenr,
Ouy, que nos ennemis attaquent nos murailles
Qu'ils ſoient fauoriſez du Demon des batailles,
Que la fortune en tout ſe declare pour eux
Qu'ils ſoient auſſi vaillans comme ils ſont bien-
    heureux ,
Qu'ils augmentent encor leurs troupes aguerries
Que les bras des Titans, les flambeaux des Furies,
Les Parques & la mort , les deſtins & les Dieux
Et l'Enfer & les eaux & l'Enfer & les Cieux,
Bref que tout ſe diſpoſe à ſuiure leur enuie
Sy vos rares bontez me redonnent la vie,
Ie leur feray ſentir auant la fin du iour
Que i'ay dedãs mes mains les foudres de l'Amour
Et que leurs legions ſont de foibles obſtacles

C

Pour empescher ce Dieu de faire des miracles,
Et pour ne pas monstrer en enuenant about
Que qui dompta le Ciel peut triompher de tout.

ALEXANDRE.

C'en est faict ie ne puis resister dauantage,

OLIMPE.

Serez vous sans amour.

PROMEDON

Serés vous sans courage.

OLIMPE.

Ou sera nostre azille

PROMEDON.

Ou sera mon recours.

OLIMPE.

Fauorisez mes pleurs.

PROMEDON.

Exaucez mon discours.

OLIMPE.

Escoutez vostre femme.

PROMEDON.

Entendez vostre frere.

OLIMPE.

Nous delaisserez vous.

PROMEDON.

Me serez vous contraire.

OLIMPE.

Ie suis vostre moitié.

PROMEDON.

Vostre sang est le mien.

OLIMPE.

Accordez-moy ce point.

PROMEDON.

Ne me refusez rien.

OLIMPE.

Vostre salut le veult.

PROMEDON.

L'honneur vous en coniure.

OLIMPE.

Escoutez noſtre amour.

PROMEDON.

Escoutez la nature

OLIMPE.

Par ces auguſtes mains.

PROMEDON.

Par ces ſacrez genoux,

ALEXANDRE.

Madame c'eſt aſſez, mon frere leuez-vous,
En deux diuers parties mon ame eſt ſepareé,
Que dois ie faire aux Dieux?

PROMEDON.

Sire voicy Nerée.
Ciel fais que ſon diſcours nous puiſſe ſecourir.

SCENE VI.

ALEXANDRE, OLIMPE, DORIN-
DE, EPIDORE, ALCIPE, AGE-
NOR, CLEANTE, FROMEDON,
POLIARQVE NEREE.

NEREE.

Sire deſſus les bruits que l'on a fait courir
Ie viens ſçauoir de vous ce qu'il faut que ie face
Ie me iette à vos pieds i'implore voſtre grace,
Et vous coniure encor de vous reſſouuenir,
Qu'ayant donné la foy vous la deuez tenir,
Quoy Seigneur voulez vous me mãquer de promeſſe
Voulés vous de laiſſer vne pauure Princeſſe,
Et la mettre au pouuoir d'vn Barbare eſtranger,
Qui ne la reprendra qu'afin de ſe venger,
Ah perdés ce deſſein & changés cette enuie,
Vous ſauurés voſtre honneur en me ſauuant la vie
Si vous m'eſtes clement le Ciel vous ſera doux,
Si vous me protegés il aura ſoing de vous,
Et ſi vous accordés quelque choſe à mes larmes,
Il vous rendra vainqueur & benira vos armes,
Dont par l'amour que i'ay pour cét obieſt charmant
Par ce doux nõ de frere & d'Eſpoux & d'Amant
Par l'honneur le debuoir la nature & vous meſme

Et bref par les beaux yeux dont la force est extreme
Monstrés vostre pitie sauués moy du trepas,
Conservés vostre honneur & ne me me rendés pas

ALEXANDRE.

Ah c'est trop resister mon cœur il se faut rendre.

NEREE.

Madame aux nom des Dieux priés le de m'entendre.
C'est de vous que i'atends la faveur que ie veux.

OLIMPE.

Plutost.

ALEXANDRE.

N'acheués pas i'exauceray vos vœux.
Ouy ie vais contenter vous Nereé & mon frere,
Mais en vous contentant ie me veux satisfaire,
Puisque vous ne craignés que pour l'amour de moy
Et puis que l'honneur veult que ie tienne ma foy,
Pour rendre á toutes deux un arrest equitable,
Et pour vous deliurer d'une peur condamnable,
Ie ne combattray plus ie ne sortiré pas,
Et vous ne craidrés plus ma perte & mon trépas,
Mais ie veux pour tenir la foy que i'ay iurée,
Et pour me contenter que l'on garde Nereé,

Ie ne puis ny ne veux receuoir de conseil,
il faut ie le doibs.

O L I M P E.

O mal-heur sans pareil ?

A L E X A N D R E.

Allons.

SCENE VIII.

PROMEDON NEREE.

PROMEDON.

ENfin le Ciel nous veult estre propice,
Ie n'ay rien à craindre apres ce bon office,
Sy ce n'est que ton cœur lassé de me cherir,
Ne prenne le dessein de me faire mourir.

NEREE.

Termine ce discours qui fait tort à ma flamme,
Tes desirs sont les miens & ton ame est mon ame,
Ie veux ce que tu veux & pour garder ma foy,
Ie cesseray de vivre en cessant d'estre a toy.

PROMEDON.

Et moy malgrè le sort qui tâche à nous poursuiure,
Pour toy ie veux mourir & pour toy ie veux viure
Auec toy tout me plaist sans toy ie n'ayme rien
Et toy seul est mon tout & mon souuerain bien.

NERÉE.

Allons face le Ciel que selon nostre attente.

PROMEDON.

L'ennemy soit deffait moy vainqueur toy contente.

Fin du deuxiesme Acte.

ACTE II.
SCENE PREMIERE

IPSICREON, MAGNETIE THEMIS
TOCLES EGISTRATE.

IPSICREON ſort de ſes tentes

OVy s'il veut euiter les traits de mon couroux,
Qu'il vienne maintenant embraſſer mes ge-
    noux.
Qu'il ſorte de ſes murs & que ſans plus attendre,
Il me rendent le bien que i'ay droiƈt de pretendre,
Autrement ie ſeray ſans aucune douceur ,
Ie traitteray ſa ville auec toute rigueur,
Et ie luy feray voir en la mettant en flamme,
Un effeƈt du braſier qui deuore mon ame ,
Mais Dieux à ce penſer mon mal reprend ſon cours
Et ſongeant a l'obiet qui cauſe ce diſcours,
Ma triſteſſe s'accroiſt ma douleur recommence,
Malgré moy ie ranime vn eſpoir qui m'offence,
Et ie me voy reduit d'accorder en ce iour,
La pitié la colere & la haine & l'amour,
Ie veux chere Nerée & ie la trouue belle,

D

Ie la veux mal traiter & ie me meurs pour elle,
Sa beauté me rauit son vice me desplaist,
Et i'ayme son esprit tout criminel qu'il est
Ie veux estre clement quand elle m'est cruelle,
Ie veux estre constant quand elle est infidelle,
Et malgré ma raison son crime & sa bonté,
S'accordent en grandeur auecque sa beauté,
Mais changeons de dessein quittons ceste volage,
Ouy mon cœur il est temps de monstrer ton courage,
Fais enfin vn effort pour sortir de tes fers,
Et pour y mettre apres l'ingratte que tu sers,
Abhorre-là mon cœur puis quelle est si coupable,
Mais comment l'aborrer puis qu'elle m'est ayma-
  ble,
Toute ingratte qu'elle est ie ne la puis hair,
Mais aymer vn obiet qui ma voulu thrahir,
A quoy songeay-ie ô Dieux & qu'elle est mon at-
  tente,
Elle n'a plus d'appas puis qu'elle est inconstante,
Leur esclat s'est esteint & son crime odieux,
En noircissant son cœur a deu ternir ses yeux,
Mais friuole discours innutile pensée,
Mon cœur peut il guerir si mon ame est blessée,
Non non il faut mourir adorant ses appas,
Magnetie approchez, voyez tous nos soldats,
Que nostre camp s'appreste à prier la fortune,
Que tout chacun celebre vne feste commune,

Et que nul auiourd'huy n'aist autre volonté,
Que de sacrifier à ceste deité,
Afin qu'elle protege & nos cœurs & nos armes,
Et demain du matin disposer nos gendarmes,
A donner a la ville vn assault general,
Il faut donner le coup qui luy sera fatal,
Et animer enfin ceste belle orgueilleuse,
Dont la perte rendra mon ame bien-heureuse.

MAGNE TIE.

Ouy Sire ils repandront leurs armes & leurs cœurs,
Mais c'est auec dessein d'estre plutost vainqueurs,
Et pour rendre a nos vœux la fortune propice,
I'auray soing que l'on face vn fameux sacrifice,
Et suiuant la coustume & vos commandements,
Pas vnne sortira de de nos retranchemens,
Pour le respect du iour le soldat innutile,
N'attendra qu'à demain l'assaut de cette ville,
Mais il ne faudra pas qu'ils facent trop d'efforts,
Car elle est sans pouuoir n'ayant plus de dehors.

IPSICREON.

Dieux veuille qu'à nos vœux la fortune responde,
Et que ie sois demain le plus heureux du monde,
Allez voir tous nos Chefs & venez à ce soir,
Prendre l'ordre auec eux & me les faire voir,
Enfin ie te tiendray trop ingratte Princesse,

Et ie me vangeray.

SCENE ·II

MAGNETIE, THEMISTOCLES
EGISTRATTES.

THEMISTOCLES.

D'Ouuient voſtre triſteſſe,
Seigneur qu'auez vous donc.

MAGNETIE.

Themiſtocles ie meurs .

THEMISTOCLES.

Mais encor quel ſuiet fait naiſtre vos douleurs.

MAGNETIE.

Ne me demande point d'où prouient mon martyre,
Si tu le veux ſçauoir mon œil te le peut dire,
Et ſes regards mourans & les frequents ſouſpirs,
Pourront bien mieux que moy contenter tes deſirs,

THEMISTOCLES

Vous aymés.

MAGNETIE.

Il est vray.

THEMISTOCLES.

Quel obiet.

MAGNETIE.

vne esclaue.
Celle que i'ay vaincue est celle qui me braue,
En perdant sa franchise elle gaigna mon cœur,
Ie restay son captif quand ie fus son vainqueur,
Et ses yeux trop apris a faire vne conqueste,
Secherent les Lauriers qui couronnoient ma teste,
Et m'enbrasant des feux qu'ils l'ançoiët dessus moy
Me firent tout quitter pour viure sous sa loy,
Helas depuis ce temps i'ay vescu miserable,
I'ay tousiours souspiré pour cet obiect aimable,
Tous les iours les plus beaux m'ont passé pour des
     nuits,
Les plaisirs les plus doux m'ont esté des ennuis,
Et ie n'ay point goutté de plus douce esperance,
Que de voir en ma mort la fin de ma souffrance,
Ingratte Policrite esprit plein de rigueur,
Ne dements plus tes yeux emprunte leur douceur,
Et pour ne perdre pas vn Amant qui t'adore,
Ne luy demande plus ce qui le deshonore
Il est a sa Prouince aussi bien comme a toy,

S'il doit tout à ses yeux il doit tout a son Roy,
Et de quelque façon que t'a pitié l'engage,
Il sera sans amour s'il reste sans courage,

THEMISTOCLES.

De quoy vous plaignez vous.

MAGNETIE.

J'en ay trop de subiect
Mais apprens en deux mots cet adorable obiect,
Me presse tous les iours de trahir ma patrie,
Elle me sollicite elle pleure & me prie,
Et iure par les Dieux en me donnant sa foy,
Que sauuant son païs sa personne est a moy,
Iuge de mon mal-heur apres cette disgrace,
Songe que ie ne sçay ce qu'il faut que ie face,
Et qu'estant son subiect & veritable amant,
L'honneur & mon amour peuuent egallement.

THEMISTOCLES.

Seigneur ne doutez point de ce qu'il vous faut faire
Etouffez cet amour puis qu'il vous est contraire,
Et ne commettez pas vne lasche action,
Qui vous couure de blasme & de confusion,

MAGNETIE.

Ton aduis est le mien mais helas dans ce doute,

I'ignorre toutesfois ce qu'il faut que i'escoute,
Ie ne sçay que resoudre en ce mal-heureux sort,
Ie voy de tous costez ou la honte ou la mort,
Et quelques mouuemens que ie face parestre,
Tantost ie suis amant & tantost ie suis traistre,
Car enfin mon esprit demeurant suspendu,
Crain d'estre criminel & craint d'estre perdu,
Il a peur de quitter la beauté qu'il estime,
Il a peur d'estre lasche & de commettre vn crime,
Il a peur de trahir le party qu'il suiuit,
Il a peur de trahir celle qui le rauit,
Et sens connoistre enfin qu'elle en sera l'issue,
Il cede seulement a l'ennuy qui le tue,
Il meurt de mille morts mais o dieux ie la voy,
Laisse moy luy parler a dieu retire toy.

SCENE III.

MAGNETIE, POLICRITE

MAGNETIE.

MAdame ces beaux yeux dont ie ressens les
    charmes,
Ne sont ils point lassez de respendre des larmes,
Auez vous resolu de souspirer tousiours

Vous plaindrez vous sans cesse & les nuicts & les
    iours,
Ne bannirez vous point ceste iniuste tristesse,
Rendrez vous vostre esprit capable de foiblesse,
Et ne dominant pas dessus vos passions,
Vous laisserez vous vaincre à vos afflictions,
Non non comme vos maux ne sont qu'en apparence
Vous deuez tesmoigner vn peu plus de constance,
Et sans vous aueugler d'vne foible vapeur,
Reprendre le repos que vous oste la peur.

POLLICRITTE.

Seigneur il est bien vray que i'ay tort deme plaindre
Ie sçay que ie fais mal de ne me pas contraindre.
Puis qu'apres les faueurs que ie reçois de vous,
Ie debuois tesmoigner que mon sort est bien doux,
Mais n'interpretez pas ma douleur excessiue,
Ie ne m'afflige pas d'estre vostre captiue,
Au contraire Seigneur ie hay la liberté,
Et me croy bien-heureuse en ma captiuité,
Ie ne m'escognois pas les biens que vous me faites,
Vos soings officieux ny vos bontez parfaictes,
Ie cognois vos vertus ainsi que mes deffauts,
Et si i'ay du regret c'est du peu que ie vaux,
Ie me plains seulement en voyant ceste terre,
Qu'allume iniustement le flambeau de la guerre,
Et ie meurs de douleur quand ie me ressouuiens,
De ceste

De ceste pauure ville & de ses Citoyens,
N'aguerre on la voyoit pompeuse & triomphante
Maintenant ie la voy captiue & languissante,
Preste d'estre sousmise au pouuoir d'vn vainqueur
Qui ne la traitterra qu'auecq toute rigueur
Apres l'amour que i'ay pour vn genereux frere,
Rend ma douleur encor plus grande & plus amere
I'apprehende pour luy i'ay peur de son trepas,
Et sa vertu me charme auecq tant d'appas,
Que croyant seulement qu'il a cessé de viure,
Le iour m'est odieux & ie meurs de le suiure,
Mais il faut redoubler & ma crainte & mon mal,
Puisqu'on donne demain vn assaut general,
Que peut-estre vos mains le priueront de vie,
Et destruiront l'obiect dont mon ame est rauie,
Ouy mes yeux il est temps de perdre la clarté,
Ouy seigneur il est vray tout espoir m'est osté,
Et si vous n'accordez quelque chose à mes l'armes,
Ie mouray de douleur comme luy de vos armes,

MAGNETIE.

Madame esperez mieux & perdez ce penser,
Croyez que mon dessein n'est pas de l'offencer,
Puisque ie vous ay dit que toute mon enuie,
Estoit de luy sauuer & l'honneur & la vie,
Ouy quand mesme il viendroit attaquer mes sol-
        dats,

E

Ils pareront les coups & n'en porteront pas,
Et soit que nous gaignions ou perdions la victoire,
Madame encor vn coup obligez moy de croire,
Que ie le saueray, que vous le reuerez,
Et que ie n'en feray que ce que vous voudrez.

POLICRITE

Non Seigneur ie ne puis esperer dauantage,
Ie preuoy son malheur cognoissant son courage,
Et ie ne sçay que trop qu'il ne souffrira pas,
Qu'vn de ses ennemis le saue du trepas,
Ie sçay qu'il perira pour deffendre la place,
Et bien loing de vouloir que vous luy faciez grace,
Il vous fera mourir s'il en a le pouuoir,
Ou moura de regret de ne le pas auoir,
Pour le bien du pais son amour est extreme,
Il ayme sa patrie autant comme luy mesme,
Et la voyant reduite en ceste extremité,
C'est la qu'il fera voir sa generosité,
Et qu'il temoignera pour se sauuer de blasme,
Qu'estant foible de corps il ne le fut point d'ame,
Car enfin n'ayant peu l'empescher de perir,
Rien ne l'empeschera de se faire mourir,
Doncques si vous m'aymez accordez ma priere,
Faites moy maintenant vne faueur entiere,
Et pour me conseruer le repos & le iour,
Quittez vostre ... y ne faitez que l'amour,

Et par le grand effort faictes moy recognoistre,
La puissance d'vn feu que mes yeux ont fait naistre.

MAGNETIE.

Quelque effort que l'amour face sur ma raison,
Madame ie ne puis faire vne trahison,
Mon cœur ne peut commettre vne action si noire,
Pour estre sans honneur il ayme trop la gloire,
Et ie luy voudrois mal s'il n'auoit merité,
Le bien de vous auoir que par sa lascheté,
Aussi considerez qu'il n'est pas raisonnable.
Voulant vous posseder qu'il se rende coulpable,
Et qu'il n'obtienne enfin vn bien si glorieux,
Que parce qui deuroit vous le rendre odieux,
Vous ne l'aymeriez pas s'il auoit esté traistre,
Et vos propres discours m'ont bien fait recognoistre
Quand vous auez parlé d'vn homme vertueux
Que vous me hayriez estant deffictueux,
Ouy vous aymez vn frere a l'esgal de vous mesme,
Et sa seule vertu faict vostre amour extreme,
S'il n'aymoit son pais il n'auroit point d'appas,
Et s'il estoit sans cœur vous ne l'aymeriez pas,
Ah madame iugez quoy que vous puißiez faire,
Qu'il vous faut vn amant vertueux come vn frere
Et qu'il vaut beaucoup mieux soufrir vôtre couroux
Que d'auoir le malheur d'estre indigne de vous,
En vous obeissant ie me rendrois coulpable,

E ij

Pensant vous meriter i'en serois incapable,
Et me voyant sans cœur sans honneur & sans foy,
Vous n'auriez plus apres que de l'horreur pour moy
Pardonnez donc enfin ma desobeissance,
Songez que la vertu vous parle en ma deffence,
Et que pour imiter celle que vous auez,
Ie ne suis pas les loix que vous me prescriuez,

POLICRITTE.

L'Amant doit obeir à la personne aymée,
Aux despens de l'honneur & de la renommée,
Il se doit despouiller de son propre interest,
Et ne rien desirer que tout ce qu'il luy plaist,
Il faut pour bien aymer manquer de preuoyance,
S'exposer aux dangers se nourrir d'esperance,
Et tesmoigner enfin que souuent vn Amant,
Pour auoir trop d'amour reste sans iugement,
Mais vostre amour n'a pas assez de violence,
Pour vous faire resoudre a ceste complaisance,
Et comme son obiect il n'a pas le pouuoir,
Ny de vous arrester ny de vous esmouuoir,
Ouy Seigneur vostre amour n'est qu'vn pur artifice
Mais ie mourray cent fois plustost qu'il reussisse,
Ie m'empescheray bien de croire vos discours,
Loing de vous escouter ie vous fuiray tousiours,
Et quoy que vous disiez ou que vous puissiez faire,
Vostre amour ne fera qu'exiter ma colere,
Et ie vous feray voir qu'vn cœur comme le mien,

Souffre vn mal vn refus *&* ne pardonne rien,
Mais c'est mal a propos que mon couroux vous bra-
ue,
Ie ne me souuiens pas que ie suis vostre esclaue,
Que ce m'est trop d'honneur lors que vous me par-
lez,
Et que ie dois vouloir tout ce que vous voulez,
Ouy seigneur il est vray mais malgré vostre attente
Ie suis vostre captiue *&* non pas vostre amante,
Mon ame est libre au point qu'elle a iamais esté,
Et mon corps seulement est en captiuité,
Chargez le donc de fers le Ciel la rendu vostre,
Mais souffrez que mon cœur souspire pour vn autre
Ne me parlez iamais ny d'espoux ny d'amant,
Et ne me presentez que des fers seulement,
Leur aspect me rauit *&* le vostre me tue,
Ie ne veux plus vous voir ny souffrir vostre veue,
Et d'autant que tantost vous plaisiez a mes yeux,
D'aultant plus maintenant vous m'estes odieux,

MAGNETIE.

Madame escoutez moy.

POLLICRITTE.

Vos discours sont friuoles,
Et ie vous cognois trop pour croire à vos paroles,
A dieu laissez moy donc.

E iij

MAGNETIE.

Madame arreſtez vous,
Songez que ma vertu cauſe voſtre courroux
Ah c'eſt mal a propos que mon refus vous faſche,
Qui vous ſçait bien aymer ne ſçauroit eſtre laſche,
L'honneur & la vertu peuuent tout deſſur moy,
L'vn combat pour ma flamme & l'autre pour ma
　　foy,
Et ſens qu'aucun des deux emporte la victoire,
I'eſtime eſgallement mes plaiſirs & ma gloire.

POLICRITTE.

Quoy vous me refuſez,

MAGNETIE.

Helas ie voudrois bien,
Pouuoir tout accorder pour ne refuſer rien,
Ie vous teſmoignerois combien ie vous eſtime,
Mais quoy vous deſirez que ie commette vn crime
Que pour vous i'abandonne & ma ville & mes biẽs
Que ie vende mon Prince & tous mes Citoyens,
Que ie quitte la gloire & me couure de blaſme,
Qu'vn remors eternel s'empare de mon ame,
Que ie quitte mon ſang que ie ſois ſans pitié,
Que ie ſois ſans honneur ſans foy ſans amitié,
Et que pour obeir au deſir qui me dompte,
Ie ne ſuiue qu'amour vous ma perte & ma honte.

TRAGI-COMEDIE.

POLLICRITTE.

Quoy vous me refusez,

MAGNETIE.

Discours plein de rigueur,
Qui trouble ma raison & me perce le cœur,
Desia de volonté mon ame est criminelle,
Ie ne suis plus a moy ie suis a cette belle,
Et son pouuoir agit tellement dessur moy,
Qu'amour est mon vainqueur & me donne la loy,
Mais que dis-ie bons Dieux & que sçaurois-ie dire,
Pour empescher vn coup que mon amour desire,
Restay-ie sans esprit n'ay-ie plus de raison,
Quoy ternir ma vertu par vne trahison,
Non ne le faisons point chassons cette pensée,
Et plutost estouffons vne flamme insensée,
Mais comment estouffer puis qu'elle à tout pouuoir
Qu'elle m'oste celuy que ie deurois auoir,
Qu'elle brusle mon ame & qu'elle me consomme,
Qu'vn dieu combat pour elle & que ie ne suis
    qu'homme,
Non ie ne le sçaurois & sans plus discourir,
Il faut estre perfide il faut plutost mourir,
Et quelque violent que mon amour puisse estre
I'ayme bien mieux perir que de viure estant traistre,

La vertu doit charmer außi bien que l'amour,
Et qui vit sans honneur est indigne du iour;
Non non ie ne le sçaurois,

POLICRITTE.

He bien my voila preste,
Et quãd tous les malheurs tombroient sur ma teste
Ie n'attendray de vous aucun soulagement,
Et ne vous priray plus qu'vne fois seulement.
Apres n'esperé plus que ie change d'enuie,
Ie vous abhorreray le reste de ma vie,
Et les bons traittemens que iay receus de vous,
Ne feront qu'augmenter ma heine & mon couroux
Et si i'ay du dessein de sortir de seruage,
c'est pour vous faire voir des effects de ma rage,
C'est pour vous tesmoigner quel est mon desespoir,
Et pour vous mal traitter si i'en ay le pouuoir,
Adieu tristes parens adieu genereux frere,
Tu sentiras les coups d'vn cruel aduersaire,
De ta ville demain tu feras ton tombeau,
Tu verras ton vinqueur ou plutost ton bourreau,
Encor si ie pouuois auant tes funerailles,
Te voir ou te parler de dessus nos murailles,
Et qu'il me soit permis de te dire vn adieu,
Auec quelque plaisir ie restois en ce lieu,
Et le Ciel n'auroit plus vné Rigueur extreme,
S'il me monstroit encor la moitié de moy mesme,

MAGNE.

MAGNETIE.

Pour le voir seulement il vous sera permis

POLLICRITTE.

Le reuere-je.

MAGNETIE.

Ouy puis que ie l'ay promis.
Mais ie le sauueray ne craignez, rien madame,

POLICRITE

Seigneur cette faueur rassure un peu mon ame,

MAGNETIE.

I'enuoiray de mes gens qui vous obeiront,
Qui vous le feront voir & vous rameneront,
Adieu ie vay pouruoir au vœu que l'on doit faire,
Mais ayez plus d'amour ayant moins de colere,

SCENE IV.

POLICRITTE.

V A-t'en trop lasche obiect de mon affection,
Tun'est plus que celuy de mon aduersion,

F

L'amour que i'eus pour toy se conuertit en hayne,
N'espere plus de moy de Remede a ta peine,
Et sçache qu'en l'estat ou mon sort est sousmis
Ie te tiens le plus grand de tous mes ennemis,
En vain par tes faueurs tu veux toucher mon ame
En vain tous tes souspirs me tesmoignent ta flamme
En vain tu m'as seruie en vain tu meurs pour moy,
Puisqu' apres ton refus ie n'abhorre que toy,
Và tu n'aymas iamais & ton ame est trop vile,
De ne pas preferer ton amante a ta ville,
Nay-ie pas ta parole ainsi que luy ta foy,
Qu'elle raison t'incite a l'aymer mieux que moy,
Et quel aueuglement t'empesche de cognoistre,
Que d'vne ou d'autre part tu seras tousiours trai-
      stre,
Ouy tu dois a l'amour autant qu'a ton pays,
Et tu me trahiras si ie ne le trahis.
Tu ne peux eschapper de te rendre coulpable,
Mais l'estant par amour tu seras excusable,
Puis qu'il est asseuré que vivant tout en moy,
C'est moy qui pescheray puisque ie vis en toy,
Mais non ie n'y vis plus ny toy dans ma pensée,
Ton refus me fait voir que tu m'en as chassée,
Et qu'il est a propos si tu sçais m'en banir,
Que ie sçache te perdre ou plustost te punir,
Aussi pour satisfaire a mon ame outragée,
Ie mouray sans regret apres m'estre vengée,

Le trepas me sera comme vn souuerain bien,
Ie respendray mon sang ayant verse le tien,
Et sans craindre la mort t'ayant priué de vie,
I'arracheray le cœur qui m'en donna l'enuie,
Et luy donnant le coup que tu receus de moy,
T'ayant fait expirer i'expireray sur toy,
Mais trop lasche discours criminelle pensée
Quoy bons Dieux mourra-il sans m'auoir offencée
Et le voulant forcer a commettre vn forfait,
Doit il perir enfin pour estre trop parfaict,
Puis-ie le mal traitter pour n'estre pas coupable,
Et dois-ie hair en luy ce qui m'est adorable,
S'il ayme son pais n'aimaye pas le mien,
Mais c'est trop resonner ne considerons rien,
Il ne m'aima iamais puis qu'il m'a refusee,
Et ie le dois punir de m'auoir mesprisée,
Donc sans plus discourir resoluons son trepas,
Courons a la vengeance & ne le plaignons pas,
Mais cachons nos desseins ie voy venir Climene.

SCENE V

POLICRITTE, CLIMENE.

CLIMENE.

MAdame tout le camp s'assemble dãs la pleine
Pour faire vn sacrifice y voulez vous venir.

POLICRITTE.

Non seule dans ce lieu i'ay pour m'entretenir,
La haine que ie porte au plus lasche des Princes,
Qui cause les malheurs de toutes ces Prouinces.

CLIMENE.

Qui donc Ipsicreon.

POLICRITTE.

                    Non le frere du Roy,
Ce lasche Promedon qui n'a ni cœur ni foy.
Et qui ne recognoist vne faueur insigne,
Qu'en monstrant seulement qu'il en estoit indigne.

CLIMENE.

Comment.

POLICRITTE.

Quand il estoit chez les Milesiens,
Qui le combloient d'honneur de faueurs & de biens
Il deuint lachement Amoureux de Nerée,
Qu'Ipsicreon tousiours auoit idolatré,
Et viola les droits de l'hospitalité,
En enleuant d'ici cette rare beauté.

CLIMENE.

Mais elle y consentit.

POLICRITTE.

Mais il fut tousiours traistre,
Oubliant la faueur qu'il deuoit recognoistre
Et trahissant vn Roy qui n'espargnera rien,
Pour perdre vn rauisseur qui luy volle son bien,
C'est le Prince brutal cet ingrat cet infame,
C'est cét homme sans cœur sans amour & sans ame
Qui, mais l'on m'interompt, Climene esloigne toy.

SCENE VI

POLICRITTE, EGISTRATTE

EGISTRATTES.

Madame.

POLLICRITTE.

EGISTRATTE. *Que veux tu,*

Vous dire qu'auecq moi,
Vous pouuez maintenant venir voir voſtre frere.

POLICRITTE.

C'eſt le bien que ie veux & tout ce que i'eſpere,
Allons viens me monſtrer au trauers de mes pleurs
Cette agreable autheur de toutes mes douleurs,
C'eſt la derniere fois, ah! ce penſer me tue,
Et ie vis ſeulement par l'eſpoir de ma veue.

Fin du deuxieſme Acte.

ACTE III.
SCENE PREMIERE.

OLIMPE, PROMEDON dans sa chambre,

PROMEDON.

Iest vray que i'ay tort d'auoir faussé ma foy,
Mais l'amour est coupable aussi bien comme moy,
C'est lui qui fait mon crime, & c'est luy qui l'excuse
C'est lui que l'on offence alors que l'on m'accuse,
Et c'est lui qui m'oblige à vous dire en ce lieu,
Que l'on ne pesche point lors que l'on suit vn Dieu
C'est lui qui me pressa de regarder madame,
C'est lui qui me força de lui donner mon ame,
Et c'est de ses beaux yeux qu'il emprunta des feux
Pour contraindre mon cœur à souspirer pour eux,
Il m'osta la raison la force & la puissance,
Ie n'eus pas le pouuoir de faire resistance,
Et ie me vis reduit tout captif que i'estois,
De baiser malgré moi les fers que ie portois,

OLIMPE.

L'amour ne peut forcer lors qu'on se veut deffendre
Mais quand on prēd plaisir de se laisser surprendre
Et que pour s'enoyer en de honteux plaisirs,
L'on se laisse conduire au gré de ses desirs,
L'ame en la brutissant n'a plus de force en elle,
Elle s'attache au sang deuient toute charnelle,
Et perdant le pouuoir qu'elle reçeut des Cieux,
Degenere à son estre & ne tient plus des dieux,

PROMEDON.

L'amour peut tout sur nous lors que son trait nous
blesse,

OLIMPE.

L'amour n'a du pouuoir que par nostre foiblesse,
Et quelques puissans traits que l'ance une beauté,
Nous pouuons disposer de nostre liberté.

PROMEDON.

Mais nous auons des yeux.

OLIMPE.

Mais nous auons une ame,

PROMEDON.

La mienne se rendit à l'aspect de Madame,

Et ie crains en voyant tant de diuins appas,
Que ie serois coulpable en ne le faisant pas,
Ie te suis criminelle au mois i'ay l'aduantage,
De commettre vn peché qui fait voir mon courage
Puisque c'est aux grands cœurs a ne redoubter rien
Quand il faut faire vn crime aussi beau que le mien

OLIMPE.

C'est plutost aux ingrats à ne pas reconnoistre,
La bonne volonté qu'on leur a fait paroistre,
En les recompensant de signalés bienfaicts,
Qu'en trompant laschement celuy qui leurs a faits
Vn cœur est lasche et bas alors qu'il se rend traistre
Et quoy qu'on puisse dire ou quoy qu'il en puisse étre
Il n'est point de raisons qui doiue dispenser,
D'accepter des faueurs, sans les recompenser,
Mais vous n'aduoürez pas de peur d'estre coupa-
    ble,

Que ce raisonnement est iuste et raisonnable,
Et de peur de donner vn arrest contre vous,
Vous desaprouuerez les sentimens de tous,
Vous qu'vn Prince receust dedans sa propre terre,
Vous qu'il auez contraint de nous faire la guerre
Quand pour recompenser les soings officieux,
Vous auez enleué ce qu'il aymoit le mieux,
Pensant venir chez nous pour trouuer vn azille,
Ou plutost pour nous perdre auecq nostre ville,

G

Ouy monsieur il est vray le Prince Ipsicreon,
A droit de vous punir de vostre trahison,
Vous l'auez mal traicté plus qu'il ne failloit faire,
Vous l'auez mal cognu loing de le satisfaire,
Et malgré les faueurs que vous en receuiez,
Vous auez oublié ce que vous luy deuiez.

PROMEDON.

Si quelqu'autre que vous me tenoit ce langage,
Madame il connoistroit si ie suis sans courage,
Et ie luy ferois voir auec de prompts effects,
Que ie n'en puis mãquer & n'en manquay iamais,
Il connoistroit mon cœur en voyant ma colere,
Mais lors que vous parlez tout ce que ie puis faire
Est de vous tesmoigner que malgré mon courroux,
Rien ne me peut choquer alors qu'il vient de vous,
Ouy ie souffriray tout mais permettez madame,
Que ie m'estes au iour ce que ie cache en l'ame
De peur qu'en vous celant le despit qui m'atteint
N'augmentera sa force en estant trop contraint,
Quoy donc vous m'accusez d'auoir vne ame ville,
Vous dittes que ie perds & vous & vostre ville,
Que c'est auec regret que l'on m'y fait plaisir,
Et que l'on m'y receut contre vostre desir,
Ah madame il falloit tout au moins vous côtrain-
    dre,
Et vous ne debuiez pas m'effencer & vous plaindre

Car outre qu'il est tard de le faire aniourd'huy,
Cela ne sçauroit plus qu'augmenter vostre ennuy,
Puisque malgré vos vœux vos raisons & vos lar-
    mes,
Le Roy doit m'assister d'argent d'hōmes & d'armes
Et me doit t'smoigner malgré mes ennemis,
Que i'en dois disposer puis qu'il me l'a permis,
Ouy c'est ce que ie fais & i'ay droit de le faire,
Vous n'estes que sa femme & moy ie suis son frere,
Ses villes sont a moy ses suiets sont les miens,
Ie puis puis qu'il le veut disposer de ses biens,
Et vous faire cognoistre en ce desordre extreme,
Que nous sōmes esgaux & qu'il est mon sang mesme
Que si i'ay du mal-heur il ne peut estre heureux,
Que s'il souffre ma honte il n'est pas genereux,
Et qu'il doit se forcer de me faire paroistre,
Qu'il fut tousiours mō frere & le veut tousiours être
Mais selon mon souhait il s'approche d'icy,
Et conduit par la main l'obiet de mon soucy,

SCENE II

ALEXANDRE, OLIMPE, PROMEDON, NEREE.

ALEXANDRE.

Mon frere pour vous voir i'ay conduit cette
  belle,

PROMEDON.

Vous prenez trop de soing d'vn miserable & d'elle
Vous me faictes des biens que i'ay peu meritez,
Mais ce sont des effects de vos rares bontez,
Qui me rendoit ingrat si mon peu de puissance,
Ne m'empeschoit d'en faire vne recognoissance,
Aussi i'aurois trop d'heur quand vous m'estes si
    doux,
Si chacun me l'estoit aussi bien comme vous,
Mais dedans vostre Cour ie voy mes aduersaires,
Ie voy proche de vous ceux qui me sont contrai-
    res
I'ay pour mes ennemis des esprits sans pitié,
Mais que vous cherissez d'vne tendre amitié,
Ils veulent me ietter dedans des precipices,
Ils veulent voir ma mort par des honteux supplices

Et cognoissant l'ardeur dont ils sont animez,
Ie crains tout en voyant combien vous les aymez.

NEREE.

Ah Sire sauuez nous de cette violence,
Arestez nos malheurs auec leur insolence,
Et ne permettez pas que des gens affligez,
Soient encor mal-heureux quand vous les protegez,
Et prenez ces meurtains dont l'impudence extreme
S'attaque à vostre sang ou plutost à vous mesme,
Punissez leurs desseins ou calmez leurs courroux,
Par l'honneur par ces pleurs.

ALEXANDRE.

De qui vous plaignez vous.

OLIMPE.

C'est de moy qu'il vous parle.

NEREE.

Ah pardonnez Madame,
L'excez de la douleur auoit troublé mon ame.

ALEXANDRE.

Mais que veut Poliarque il s'aduance à grand pas

G iij

SCENE III.

ALEXANDRE, PROMEDON, OLIMPE,
POLIARQVE & d'autres soldats venus auec
luy.

POLIARQVE.

*Vous apprendre vn bon-heur que vous n'at-
tendez pas.*

ALEXANDRE

Parle plus clairement explique ce langage.

POLIARQVE.

Ces deux mots vous pourront en dire d'auantage,

LETTRE DE POLICRITTE.

Monsieur ayant dessein de sauuer la patrie,
I'ay tant fait par mon industrie,
Que i'ay trouué moyen de m'approcher de toy,
Esperant qu'auiourd'huy ces mots pourront t'ap-
prendre,
Que ta ville demain sera reduite eñ cendre,
Et que tu n'auras plus que cet adieu de moy.

ALEXANDRE

O funeste nouuelle.

OLIMPE.

O mal-heur sans esgal.

ALEXANDRE

L'ennemy doit donner vn assaut general,
Ces mots trop clairement en donne l'asseurance,
Mais mettons ordre à tout l'aduis est d'importance.

Suitte de la Lettre.

Ouy tous tes Citoyens sont prest de leur naufrage,
Mais qu'ils ne perdent pas courage,
Et releuent le fer loing de le mettre abas,
Ils feront couronnez par les mains de la gloire,
Et quoy qu'Ipsicreon pretende la victoire,
S'ils suiuent mon conseil ils vaincront ses soldats,

Pour rendre à son vouloir la fortune propice,
Il à fait faire vn sacrifice,
Ou le camp c'est rendu par son commandement,
Mais ayant pris du temps pour suspendre ses armes
Et le soldat pensant y prendre quelques charmes,
La débauche & le ieu tout pris egallement,

L'vn querelle, & l'vn boit, l'vn dort, & l'autre ioue.

et le sort par vn tour de roue,
Est tout prest d'échainer des vainqueurs triomphãs
Fais que tes Citoyens prenent cét aduantage,
Et si pour leur sortie ils veulent vn ostage,
Donne tes biens & toy, ta femme & tes enfans.

ALEXANDRE

O mérueilleux discours mon esprit se confond,
Et ne sçay que penser d'vn accident si prompt,
Mais d'ou vient cet escrit.

POLIARQVE

       Sire c'est d'vne fille,
Et l'honneur de son sexe est de nostre famille,
D'vne diuine sœur que le Ciel me donna,
Et que pour vous seruir luy mesme destina,
Lors que ses ennemis entrant dans cette terre,
La firent des l'abord prisonnierre de guerre.

ALEXANDRE

Suffit il m'en souuient, & cognois sa vertu.

PROMEDON.

Mais si c'est de sa sœur comment l'a t'il donc sçeu.

POLIARQVE

Le Roy m'ayant permis de parler auec elle,

Et sa bouche & ses yeux m'ont dit cette nouuelle,
Et malgré les soldats qui deuoient l'espier,
Sa main en m'embrassant m'a donné ce papier,
Cessez donc de douter de ce qu'il vous faut faire,
Etouffez cette peur qui vous est si contraire,
Et sans plus discourir sortant de nos remparts,
Que le sang de l'ennemy coulle de toutes parts,
Que la mort & l'effroy l'horreur & l'espouuante,
Surprennent dans les yeux cette trouppe insolante,
Et que tous les mutains qui cause nos tourmens,
Rencontrent leurs tombeaux dans leurs retranche-
      mens,

OLIMPE.

Sire ne sortez point.

PROMEDON.

                    L'occasion est chauue,
Quand on la croit tenir souuent elle se sauue,
Le temps qu'on a perdu ne se recouure plus.

ALEXANDRE

Allons c'est trop parler, que desirons nous plus.

OLIMPE.

Sur l'aduis d'vne fille ah Sire.

H

POLIARQVE

                    Non Madame,
Elle a le cœur d'vn homme & les yeux d'vne fem-
    me,
Son courage en grandeur esgale sa beauté,
Mais rien n'est comparable a sa fidelité,
Elle ayme son pais beaucoup plus que sa vie,
Son repos fait sa gloire & toute son enuie,
Mais pourquoy ces discours mes seruices passées,
Et son nom seulement la font cognoistre assez,
Que sil' on ne me croit ou sil' on doute d'elle,
Qu'on mette prez de moy quelque garde fidelle,
Afin de m'esgorger si tout ne reußit.
Et comme elle promet & comme ie l'ay dit,
Ou du moins donnez moy deux cents de vos gen-
    darmes,
Est certain que le Ciel fauorise nos armes,
I'ose vous asseurer qu'auec ce peu d'effort,
Vos ennemis seront ou prisonniers ou morts,

ALEXANDRE

Cœur trop genereux i'approuue vostre zelle,
Ouy Poliarque allons ou l'honneur nous appelle,
Disposez nos soldats a faire cét effort,
Et cherchons auec eux ou la gloire ou la mort.

SCENE IV.

ALEXANDRE, OLIMPE, PROMEDON, NEREE.

PROMEDON.

ALlons Sire il est temps.

OLIMPE au Roy.

Dieux qu'elle ardeur vous presse,

NEREE à Promedon.

Mon tout ou courez vous

ALEXANDRE à Olimpe.

Que vostre crainte cesse,

PROMEDON à Nerée,

Madame n'aye plus aucune peur pour moy.

OLIMPE.

Fascheux commandement,

NEREE

Triste & seuere loy.

H ij

NEREE.

Triste & seuere loy.

OLIMPE.

Ah Sire asseurement c'est icy la sortie,
Que depuis si long temps mon ame à pressentie,
C'est la le coup fatal que ie craignois tousiours,
Sire ne sortez point & conseruez vos iours,
Vois ce que ie veux & ce que i'apprehende,
C'est pour vous cette grace & ie vous la demande,
Ie veux vostre salut ne me refusez pas,
Et pour me conseruer sauués moy la trepas.

ALEXANDRE.

Madame mon honneur veut que ie vous refuse,
Et vostre propre amour me seruira d'excuse,
Cessez de souspirer & de verser des larmes,
Et croyez que le Ciel protegera mes armes,
Ne craignez plus.

OLIMPE

Viuez.

ALEXANDRE.

A dieu Madame.

OLIMPE,

Adieu.

PROMEDON.

Ie vous laisse mon ame au partir de ce lieu.

NEREE.

Diuin & cher obiect dont mon ame est rauie,
Ma gloire mon amour mon espoir & ma vie
Helas dans cet instant si tu pouuois penser,
La douleur que ie sens quand il te faut laisser,
Tu ne sortirois pas auec tant d'allegresse.

PROMEDON.

Madame au nom des Dieux chassez cette tristesse
Et ressouuenez vous que ie pars de ces lieux,
Auec le seul espoir d'estre victorieux,
Ie reuiendray bien tost couronné par la gloire,
Et vous me reuerrez suiui de la victoire,
Adieu le Roy m'attend ne vous affligez plus.

H iij

SCENE V.

OLIMPE, NEREE.

OLIMPE.

DE crainte & de douleur tous mes sens sont
    perclus.

NEREE

Ah Madame domptez ceste tristesse extreme.

OLIMPE

Ne consolez personne & songez à vous mesme.

NEREE

Aupres de vos ennuis les miens ne sont que doux.

OLIMPE

C'est que ie suis plus sage & plus tendre que vous.

NEREE

Ie ne puis rien cognoistre au discours que vous faites,

OLIMPE

Cognoissez qui ie suis, & voyez qui vous estes,

NEREE

Ie suis fille de Prince, & vous femme de Roy.

OLIMPE

Beaucoup de difference est entre vous & moy,

NEREE

I'ay pourtant comme vous la naissance Royalle,

OLIMPE

La vertu ne veut pas que le sang nous egale,

NEREE

I'ay peine à conceuoir comme vous le pensez,

OLIMPE

C'est que i'ayme l'honneur & vous la haissez;

NEREE

Vous me cognoissez mal detrompez vous madame

OLIMPE

Ipsicreon pourtant vous appelle sa femme,

NEREE

Osté quelque promesse il n'obtient rien de moy.
OLIMPE
Lors que l'on a promis il faut tenir sa foy.

NEREE
L'amour.
OLIMPE

Ne peut iamais excuser voſtre crime,
Mais ſoit qu'il vous parroiſſe iniuſte ou legitime,
Apres ce que i'ay dit laiſſez moy viure en paix,
Et pour voſtre repos ne m'en parlez iamais,
Adieu diuin eſpoux cher obiet de mes larmes,
Ie vais prier le Ciel de proteger tes armes,
& faire mon tombeau du temple de nos Dieux.
Si ſelon mes ſouhaits tu n'eſt victorieux.

SCENE VI

NEREE

Va mais n'eſtime pas femme trop orgueilleu-
ſe,
Que ie manque de cœur pour eſtre mal-heureuſe,
Ie recois tous les traits dont tu veux m'outrager,
Mais le temps t'apprendra que ie me ſçais venger,
Et te fera ſçauoir a ton deſaduantage,
Que ie fus ſans pouuoir & non pas ſans courage,
Ah rigueur de mon ſort ie ne ſerois parler,
Et lors que l'on m'offence il faut diſſimuler,

La

La main qui me poignarde est celle que ie baise,
Lors que l'on me mal traite il faut que ie me taise,
Et sous tant de rigueurs mon destin est soumis,
Qu'il me faut carresser mes plus grands ennnemis,
Ah rage, ah desespoir, malheureuse Princesse,
Prens donc en te perdant le malheur qui te presse,
Et pour t'en desgager fais en ce triste iour,
Que les traits de la mort chassent ceux de l'amour,
Tout t'offence est te nuict tout te fuit tout t'abhorre,
Tout t'afflige & te perd mais Promedon t'adore
Et quelque grand mal-heur qui t'attaque auiour-
     d'huy,
Tu dois taire & souffrir viure & mourir pour luy
Prions doncques les Dieux que selon mon enuie,
Il deffende sa teste & conserue ma vie,
Et que pour me venger des maux que l'on m'a faicts
Le reste de mes iours ie te possede en paix.

SCENE VII.

IPSICREON sortant de ses tentes l'espée à la main.

Q Voy traistres vous fuyéz vous quittez vostre
     Prince,
Et p.. d.z auec luy l'honneur de la Prouince,
Sont cela les leçons que vous eustes de moy,

Es-ce ainsi qu'il failloit imiter vostre Roy,
Auez vous recognu qu'il m'enqua de conduite,
L'auez vous veu sans cœur ou quelquefois en fuitte
Non, mais vous tesmoignez en craignant le trepas
Que si vous l'auez veu vous ne l'imitez pas,
Lasches considerez que le vaincu vous dompte,
Rougisses de colere & de sang & de honte,
Et ressouuenez vous que vostre lasche peur,
En vous donnant la mort réd l'ennemy vainqueur,
Mais les lasches n'ont plus n'y de cœur n'y de zelle
Tous paroissent poltrons & pas vn seul fidelle,

SCENE VIII.

IPSICREON, THEMISTOCLES,

l'espée à la main courant aupres du Roy.

THEMISTOCLES,

A H Sire Magnetie.

IPSICREON.

acheue.

THEMISTOCLES.

Est prisonnier,
Ayant fait le deuoir d'vn fidel guerriere,

Fuyés y mais ie meurs.

IPSICREON.

Encore vne parole,
Mais le sang le suffoque & son ame s'enuole,
Ah Prince mal-heureux en cette extremité,
Fuis & crains non la mort mais la captiuité.

Fin du troisiesme Acte.

I iij

ACTE IV
SCENE PREMIERE

NEREE seule hors du Palais.

FUneste cause de ma plainte.
Terre à qui ie puis sans contrainte,
Dire l'exil de mon tourment,
Sanglant theatre des allarmes,
Ou perit mon contentement.
Fais moy reuoir vn corps dont i'adoray les charmes,
Et donnant à mes maux quelque soulagement,
Permets que ie te baigne auiourd'huy de mes larmes
Apres l'auoir esté du sang de mon amant.
Ce fust dans cette mesme place,
Que ce beau corps remply de grace.
Termina son malheureux sort,
Et ce fust icy qu'vne lame,
Persa par vn barbare effort.
Vn cœur qui pour moy seule estoit tousiours de flâme
& qui viuoit en moy par vn charme si fort,
Que le fer qui l'ouurit me passa iusqu'en l'ame,

Et me donna le coup qui luy donnoit la mort,

   Ah mal-heur fortune inconstante,
   Mon cœur est mort ie suis viuante,
   Et mon amant vient d'expirer
   Son ame à mon corps fust vnie,
   Rien ne l'en pouuoit separer.

Mais la mort a rompu cette belle harmonie,
Diuisé ce beau tout qu'amour faisoit durer,
Et m'ostant la moitié qui me donnoit la vie,
Elle m'a laissé l'autre afin de la pleurer.

   Mais Promedon cessant de viure,
   M'oblige auiourd'huy de la suiure,
   Son trepas demande le mien,
   Tu ne dois plus estre timide,
   Mon cœur il y va de ton bien.

Cours donc aueuglement ou la fureur te guide,
Pousse hardiment mon bras & n'apprehende rien,
Puisque tu ne serois sans paroistre perfide,
Redouter mon trespas ayant causé le sien.
Ouy mourons il le faut Promedon m'en coniure,
Ie ne puis respirer sans luy faire vne iniure,
L'amour veut mon trespas & me dit que i'ay tort,
De viure si long temps quand mon amant est mort,
Il me fait remarquer sa valeur signallée,
Me le monstre au plus fort de toute la meslée,
Faisant les actions d'vn Prince & d'vn soldat,
Et me dit aussi tost c'est pour toy qu'il combat.

I ii

Voy dit-il ses beaux yeux priués de la lumiere,
Son corps couuert de sang de coups & de poussiere
Sa teste renuersée & ses cheueux espars,
Son cœur sans mouuement persée de toutes parts,
Son tein pasle & deffait & sa bouche fermée,
Te dira qu'il est mort pour t'auoir trop aymée,
Ah pour le satisfaire & finir nos douleurs,
Respandons nostre sang c'est trop peu que des pleurs
Il est mort innocent & ie mouray coupable,
C'est pour me trop aymer qu'il vescu miserable,
Son cœur fut tout a moy c'est pour moy qu'il suffrit
C'est pour moy qu'il ayma c'est pour moy qu'il perit,
Et c'est moy qui causant son ardeur & son crime,
Fit de ce que i'aymois vne iniuste victime,
Ah sensible douleur ah regret superflus,
Il est mort & ie vis ie sais lors qu'il n'est plus,
Ie conserue ma vie ayant perdu la sienne,
Ayant causé sa mort i'apprehende la mienne,
Et mon timide esprit n'osant suiure le sien,
Monstre que i'eus son cœur & qu'il n'eust pas le
        mien,
Ah dedans ces mal-heurs si tu n'es genereuse,
Au moins efforce toy de paroistre amoureuse,
Et pour preuuer ta foy fais qu'vne excez d'ardeur
Enflame les glacons qui sont dedans ton cœur,
Mais ie voy Poliarque aprocher.

SCENE II

NEREE, POLIARQVE

POLIARQVE

H'A Madame,
Le Prince Promedon eſt maintenãt ſans ame

NEREE.

Vn murmure confus me l'auoit deſia dit,
Mais conte-moy comment & m'en fais le recit,

POLIARQVE

Ma ſœur ayant appris vn heureuſe nouuelle
Et chacun ayant leut l'eſcript qui venoit d'elle,
Pour ſuiure ſon aduis vous ſçauez que le Roy,
Me fit voir tous ſes Chefs & ſortit apres moy.
Ie ne vous diray point ny l'ardeur que nous euſmes
N'y l'ordre que l'on tint ny l'eſtat ou nous fuſmes,
Suffit qu'ayant choiſi tous les meilleurs ſoldats,
Que i'auois remarqué dans nos derniers combats
Voyant que l'ennemy ne pouuoit nous attendre,
Nous ſortiſmes ſans bruict afin de le ſurprendre,
Ou le Roy me faiſant chef des enfans perdus,

Me rendit des honneurs qui ne m'estoient point
    deubs,
Et comme vn corps est mal dont le chef se hazarde
Il se tint malgré luy dedans l'arriere garde,
Et le Prince son frere auec deux regimens,
S'aduença promptement pres des retranchemens,
Pour pou oir soustenir en cas de resistance,
Ceux que ie conduisois en toute diligence,
Que ie fais deffiler dix ou douze de front,
Obseruant les fossez & la largeur qu'ils ont,
Apres remplis de cœur autant comme fidelles,
Nous surprennons dabord toutes les sentinelles,
Passons au corps de garde & trouuons les soldats
Ou dedans les festains ou dedans les esbats,
Nous nous ruons sur eux & parmy ces allarmes,
Nous leur ostons le temps de recourir aux armes,
Par tout ou nous passons il n'en reste que peu,
Nous mettons tout a mort tout en sang tout en feu,
De trois mille qui sont on ne void pas vn homme,
Tout brusle tout languit tout meurt & se consome
Et nous en reueillons auec estonnement,
Pour les faire aussi tost dormir incessamment,
Bref ayant mis a mort la fleur de la Prouince,
Deux des miens destachez vont donner ordre au
    Prince,
D'aduencer promptement & d'aduertir le Roy,
Qu'il luy laissoit son poste & venoit apres moy,
Et si

Et si tost qu'il m'eut ioint & sceu cette deffaitte
Il forme vn bataillon,
Et me donnant la gauche au feu qui paroissoit
Nous gaignasmes l'endroit ou le soldat campoit,
Et croyant qu'il falust encourager les nostres
Nous trouuasmes ceux cy plus surpris que les au-
    tres,
Six milles qu'ils estoient sont deffaits tous entiers
Nous passons plus auant enleuons des quartiers,
Tant qu'enfin surprenant celuy de Magnetie
Nostre Prince estoit prest de le priuer de vie.
Lors que ma sœur parut & cria deslabort
Sauuez ce General, sauuez le de la mort,
Et nous pour tout remede à ce cruel ennuy
Voyant son meurtrier nous saisisons de luy.

NEREE.

Malheureux Promedon Princesse miserable
Cache pour quelque temps la douleur qui t'acable,
Mais tu ne me dis rien du Prince Ipsycreon
Fust-il

POLIARQVE.

Pour estre lasshe il a le cœur tropt bon
Mais ce voyant laissé de sa Cauallerie
Et se voyant sans suitte & sans Infanterie,
Et soupçonnant les siens de quelque trahyson
Il prit pour se sauuer le fort de Delion.

K

NEREE.

Mais quelqu'vn vient à nous adieu ie me retire.

POLIARQVE.

Dieux c'eſt le Roy qui vient comme ie le deſire.

SCENE III.

ALEXANDRE, OLIMPE, POLICRITE, POLIARQVE, EPIDORE, AGENOR, & toutes leur ſuitte.

OLIMPE

OVy l'on vous doit le iour auec la liberté.

POLICRITTE.

Ie dois bien plus encor à voſtre Majeſté.

ALEXANDRE.

Et pour recompenſer cette faueur inſigne
On ne ſçauroit trouuer de ſalaire aſſez digne,
Sy ce n'eſt que ſuiuant l'honneur & le deuoir
Ayant ſauue l'Eſtat vous le vouliez auoir,
Encor ſera ce peu pourtant de bins cffices
Tant de rares bienfaits & de ſi grands ſeruices.

Vous auez dißipé l'orage ou nous eſtions
Vous ſeule auez briſé les fers que nous portions
C'eſt vous a qui l'on doit le gain & la victoire
La liberté la vie, & les biens & la gloire,
C'eſt à vous qu'on doit tout & c'eſt à vous außi
Que l'on ne peut trouuer de recompenſe icy,
Commandez donc enfin & ſuiuez voſtre enuie
Voulez vous nos threſors voulez vous noſtre vie,
Ah! diuine merueille adorable beauté
Tu viens de nous tirer de la captiuité,
Mais les diuins attraits qui ſont ſur ton viſage
Bien mieux que l'ennemy nous parlent de ſeruage,
Ah Madame.

POLICRITTE.

       Ah Seigneur, ie n'ay rien merité
Et ſi i'eſpere außi c'eſt en voſtre bonté,
La faueur que ie veux.

ALEXANDRE.
       Vous eſt toute aſſeurée.

POLICRITTE.

Sy ce diſcours eſt vray renuoyez donc Nerée
C'eſt ce que ie demande.

ALEXANDRE.

       Et que vous obtiendrez,
Ouy i'en diſpoſeray, comme vous le voudrez,

Aussi bien ie ne puis regarder sans colere
Le coupable subiet de la mort de mon frere,
Luy que i'aimay tousiours à l'esgal de mes yeux
Et dont le zelle ardant me seruit en tous lieux.

OLIMPE.

Seigneur n'y songez point.

ALEXANDRE.

Pardonnez moy Madame
L'exces de ma douleur a transporté mon ame,
Mais ie sçay ma promesse & ie m'en souuiens bien
Que voulez vous encor dites ne craignez rien.

POLICRITTE.

Helas ie n'oserois, c'est

ALEXANDRE.

Parlés,

POLICRITTE.

C'est la vie

ALEXANDRE.

De qui.

POLICRITTE.

D'vn prisonnier.

ALEXANDRE.

Quel est il.

POLICRITTE.

Magnetie.

ALEXADRE.

Ah! Madame ceſſez de me le demander,
Ie perirois pluſtoſt que de vous l'accorder,
C'eſt vn poinct reſolu , ie ne m'en puis dedire
Il a tué mon frere & ie veux qu'il expire,
Mon ſang qu'il reſpandit me demande le ſien
Ie dois fraper ſon cœur puis qu'il frappa le mien,
Et l'honneur me contraint de vous faire cognoiſtre
Que ie puis iuſtement vous refuſer vn traiſtre,
Qui mal traitta celuy qui l'auoit conſeruée
Et luy donna la mort pour l'en auoir ſauuée,
Que ſi vous eſtimez ce chaſtiment trop rude
Ou que vous m'accuſez de trop d'ingratitude,
Mettez vous en ma place & repreſentez vous
Que l'honneur & le ſang font naiſtre mon cour-
    roux ,
Et que ie ne ſçaurois ſans me couurir de blaſme
Vous faire laſchement le preſent d'vn infame
Apres ſi vous iugez ou croyez que i'ay tort
Puniſſez mon refus vengez vous par ma mort ,
Et ſans conſiderer quelle eſtoit mon enuie
Pour conſeruer ſa teſte arrachez moy la vie

POLICRITTE.

Seigneur pluſtoſt la mort abregera mes iours
Mais ſi vous le pouuez.

OLIMPE.

Escoutez son discours
Cher Sire accordez luy ce bon heur sans exemple.

ALEXANDRE.

Non c'est perdre le temps, allons plustost au
Temple
Embrasser les Autels & rendre grace aux Dieux
Du bonheur sans egal que l'on gouste en ces lieux.

SCENE IV.

POLICRITTE seulle.

HElas c'est ce qui fait que ma douleur redouble
Ouy chacun est en paix, & ie suis seulle en
trouble
Ie me voy mal traitter d'vn Prince que ie sers
En rompant la prison ie me suis mise aux fers,
Et dedans le malheur dont ie me voy complice.
Pour l'auoir fait heureux il faut que ie perise,
Quoy dont ayant rendu la paix à ses Estats
Apres l'auoir sauué des fers ou du trespas,
Et lors que ces subiets me doiuent tous la vie
Il m'ose refuser celle de Magnetie.

Ah noire ingratitude , ah rigueur de mon sort
I'ay redonné la vie on me donne la mort,
Tous veullent prendre part au fruit de ma victoire
Mais tous cessent bientost de m'en dõner la gloire,
I'ay faict leur Roy vainqueur pour me persecuter,
I'ay causé son triomphe afin de l'augmenter,
Et croyant de leger & par trop d'impudence
I'ay mis dans ses prisons toute ma recompence,
Ils tirent leur repos de mon propre tourment
En leur donnant la paix i'ay perdu mon Amant,
Et ie me voy reduitte en ce malheur extreme
De sauuer tout chacun pour me perdre moy mesme,
Ah si i'estois encor en l'estat ou i'estois
Ou si i'auois conneu ce que ie recognois
Ie m'empescherois bien ingrat & lache Prince
De veiller nuit & iour pour sauuer ta Prouince,
Ie te verrois perir auec contentement
Et ie ne songerois qu'à sauuer mon Amant,
Mais Dieux c'est vainement que ie fais cette
     plainte
Ie vient de receuoir vne mortelle attainte,
Apres ce que ie sçay ie n'espere plus rien
I'ay perdu mon Amant & mon souuerain bien
I'ay causé son malheur i'en suis seule coupable,
L'aduis que ie donnay la rendu miserable,
Et par trop de bonté ces vainqueurs inhumains
Ont esté sans raison couronnez de mes mains,

He las pourquoy songeisie au bien de ma patrie
Ou pour en mieux parler aux ingrats que ie prie,
Pourquoy monstrer mon cœur & ma fidelité
A des gens que ie voy remplis de lacheté,
Pourquoy voulusie en fin paroistre genereuse
Pourquoy tant trauailler pour estre malheureuse,
Pourquoy tant de hazards pour d'ingrats citoyens
Et pourquoy perdre tant pour les combler de biens,
Fascheux resouuenir de ma gloire passée
Vertu mal recogneuë & mal recompensée,
Amour de mon pays honneur que i'adoray
Soins que ie pris en vain trauaux que i'enduray,
Puis qu'on vous mescognoist enflammez mon cou-
    rage
Changez vostre nature & vous tournez en rage,
Et vengez auiourd'huy le malheureux Amant
Qu'vn Tigre couronné veut mettre au monument,
Mais vous ne le sçauriez & i'ay trop de foi-
    blesse
Allons plustost le voir pour mourir de tristesse,
Et trouuant le moyen d'entrer en sa prison
Taschons de nous purger de cette trahison.

SCENE

SCENE V.

MAGNETIE, EGISTRATTE
dans la prison.

EGISTRATTE.

Seigneur consolez vous.

MAGNETIE.

　　　　　Ah' discours trop friuoles
Egistratte est-ce à moy que tu dis ces paroles
Encor vn coup sçais-tu que tu parles à moy,
Moy que ie me console & comment & pourquoy
I'ay perdu la beauté dont mon ame est rauie,
I'ay perdu mon honneur ie vais perdre la vie,
Et tenant auiourd'huy tous moyens superflus
Ma consolation est de n'esperer plus,
Diuine Policritte, adorable captiue
Toy qui rends auiourdhuy ma douleur excessiue,
Toy qui cause mes feux toy qui cause mes pleurs
Aimable & lasche obiet de toutes mes douleurs,
Deuois-tu me trahir auec tant d'artifice
Et pour recompenser ma peine & mon seruice,
Me deuois-tu liurer à tous mes ennemis
Et me rauir le cœur que tu m'auois promis,

L

Dieux que t'a on peu dire ou que t'ay ie peu faire
En quoy sans y songer ay ie peu te desplaire,
Quel suiet auois tu de me si mal traitter
Et bref quelle raison t'a peu mescontenter,
Helas si tu voulois attenter sur ma vie
Tu deuois dans le Camp contenter ton enuie,
Au moins dans mõ malheur i'eusse eu du reconfort
D'adorer en mourant la couse de ma mort,
De baiser mille fois tes belles mains cruelles
Et de benir les coups que i'eusse receus d'elle,
Ie fusse mort content en voyant tes apas
I'eusse esté glorieux d'expirer en tes bras,
De te voir en mourant & d'auoir l'auantage
De te rendre le cœur qui portoit ton image,
Ah rigoureux penser triste resonnement
Mon esprit se confond ie pers le iugement,
Ie ne sçay qui ie suis ny ce que ie desire,
Et tout ne sert enfin qu'à croistre mon martyre,
Ah Dieux que d'oisie faire à qui d'osie parler
Ha bien apres cela puis-je me consoler,
Mais i'entens quelque bruit & selon mon enuit
Quelqu'un vient m'ennoncer le terme de ma vi.
Ah bien heureux moment allons ie suis tout pres
Mais ô Dieux Policritte apporte mon arrest,
Elle vient par ce trait redoubler son outrage
Et me tue deux fois en m'ostant le courage.

Mon sang se va glacer à ce funeste abord
Et ie ne la puis voir sans redoubler la mort,
Ah rigueur du destin.

SCENE VI.

MAGNETIE, POLICRITTE, EGISTRATE.

POLICRITTE.

A H Dieux.

MAGNETIE.

He quoy Madame
Venez vous en ce lieu pour vous couurir de blasme,
Venez vous m'ennoncer l'heure de mon trespas
Ou me faire vn honneur que ie n'atendois pas,
Mais ô Dieux quel honneur estoit il resonnable
De venir affliger vn homme miserable,
Ne vous souuient ilplus que vous m'auez vendu
Que vous m'auez trahy que vous m'auez perdu,
Que vous auez causé les maux qu'ō me veut faire
Que vous m'auez traitté comme vostre aduersaire
Que vous m'auez donné les liens ou ie suis
Que vous m'auez comblé de malheurs & d'ennuis;
Et que c'est vous enfin qui me priuant de gloire
M'ostez la liberté l'honneur & la victoire,

Ah si vous n'auiez plus ny d'amour ny de foy
Vous deuiez temoigner quelque pitié pour moy
Et vous ne deuiez pas pour redoubler mes peines
Venir auec mespris me voir couuert de chesnes,
Et piquer auiourd'huy par vn trait rigoureux
Celuy que vostre amour a rendu malheureux,
Ah iuste Ciel voyez comme le sort me braue
Vous fustes ma captiue & ie suis vostre esclaue,
Mon seruage succede à vostre liberté
Et ie porte des fers que vous auez porté,
Mon destin en cela fait que ie vous resemble
Et si dans cét estat nous differons d'ensemble
C'est que par moy vos fers ont esté soulagez,
Et qu'alors que i'en ay c'est quand vous moutragés
Ah Madame.

POLICRITTE.

Ah grands Dieux, n'en dis pas dauantage
Ce discours te fait tort en me faisant outrage
Ie ne viens pas icy pour croistre tes douleurs
Non i'y viens souspirer & respandre des pleurs,
I'y viens t'offrir mon sang & te faire cognoistre
Que ie plains tes malheurs bien loin de les acroistre,
Que quand ie les causay ce fust innocemment
Et que i'en viens pourtant chercher le chastim nt,
Ouy quand ie t'offensay ce fist par innocence,
Mais ne delaisse pas d'enprendre la vengeance,

Punis ma perfidie ou ma crudelité
Et me donne vn trespas que i'ay trop merité,
C'est moy qui pour seruir vn traistre & lasche
    Prince
Luy donnay le moyen de sauuer sa Prouince,
En le faisant sortir à l'heure que ie vis
Qu'il pouuoit aisement vaincre ses ennemis,
Ouy ie l'ay fait vainqueur & par trop d'imprudēce
Ie creus que ie pourrois t'auoir pour rescompense,
Et que ce Prince ingrat receuant tant de biens
M'accorderoit celuy de briser tes liens,
Mais i'ay beau le prier il ne le veut point faire
Il dit qu'il te veut perdre & veut vanger son frere
Et que puis qu'il receut le trespas de ta main
Il ne peut refuser la vie à son germain,
Qu'il est vray qu'il me doit beaucoup de recōpense
Mais qu'il m'en donnera de moindre conseqvence,
Et qu'en tout cas enfin le sang l'excusera
Quand luy demandant trop il me refusera,
Voila tout ce qu'il dit voila comme il m'oblige
Voila comme il te pert voila comme il m'afflige,
Et ie ne viens icy qu'à fin de t'aduertir
Du rigoureux tourment que ie m'en vais sentir,
Car i'atteste les Dieux qu'on me verra te suiure
Et que si tu peris ie cesseray de viure,
Que t'on trespas sera ma sentence de mort
Et que viuans ou mort nous aurons mesme sort.

MAGNETIE.

Ah! bonheur ſans égal ô diſcours fauorable
Madame apres cela quelque mal qui m'acable,
I'oſe vous aſſeurer qu'il me ſera bien doux
Puiſque i'auray l'honneur de l'endurer pour vous,
Mais que diſ-ie bons Dieux helas i'ay trop d'au-
    dace
De croire qu'auiourd'huy vous plaignez ma diſ-
    grace,
Et i'ay trop d'imprudence & de temerité
Deſperer ce bonheur ſans l'auoir merité,
Quand ie vous aurois fait des faueurs ſans pareille
Et quand l'on les tiendroit comme autant de mer-
    ueille,
Quand i'aurois reſpãdu mon ſang en vous ſeruãt
Quand l'on m'eſtimeroit vn miracle viuant
Quand ie ſerois moy ſeul plus que n'eſt tout le mõde
Quand meſme ma vertu n'auroit point de ſeconde,
Quand i'aurois garãty vos iours & voſtre hõneur
Quand ie vous aurois miſe au deſſus du bonheur,
Et quand pour moy les Dieux vous viendrois ren-
    dre hommage
Vous né pouuiez iamais m'obliger dauantage,
Et le rare bienfaict paſſant l'extremité
Fait que ie doute encor de cette verité,
Quoy vous compatiſſez au tourmẽt qui me touche

Quoy mes malheurs sont plaints d'vne si belle bou-
　che,
Quoy vous m'aimez encor? quoy vous songés a moy
Quoy vous m'estes fidelle & me gardés la foy
Ah Madame.

POLICRITTE.

Ha malheur.

MAGNETIE.

Apres vn tel langage
Rienne peut desormais esbranler mon courage
Qu'on face mon procez qu'on resolue ma mort,
En l'estat ou ie suis ie despitte le sort,
Rien ne peut esbranler l'assiette de mon ame
Qu'on prepare vn bourreau du fer ou de la flamme
Ie les deuanceray tout me semblera doux
Puisque ie suis certain que ie suis plaint de vous.

POLICRITTE.

Helas pour reparer ma faute & mon outrage
Te plaindre seulement est vn foible aduantage,
Car les torrents de pleurs qui coullent de mes yeux
Ne peuuent t'afranchir de ces infames lieux,
Ne te peuuent remettre en ta premiere gloire
Retablir ton honneur te rendre la victoire,
Rapeller tes plaisirs ranimer tes soldats

Que ta valeur ſe vaincre au milieu des combats,
Et bien loing de payer ta peine & tes ſeruices
Ils n'ont que le pouuoir d'augmenter tes ſuplices,
Ah rage, ah deſeſpoir, ah cruauté du ſort
Faut-il que mon amour ſoit cauſe de ta mort,
Faut-il qu'vne priſon ſoit toute ta conqueſte
Et que pour les lauriers qui te ceignoint la teſte
Tu n'ayes que les fers qui te ſerrent les mains.

MAGNETIE.

De grace appaiſez vous, aimez moy,

POLICRITTE.

Ie te plains.

SCENE VII.

MAGNETIE, POLICRITE, EPIDORE, EGISTRATE.

EPIDORE.

MOnſieur ſa Maieſté veut,

MAGNETIE.

Que l'on nous ſepare.

EPIDORE.

Ouy ſuiuez moy Monſieur

P O-

POLICRITTE.

         O procedé Barbare,

MAGNETIE.

Pourquoy.

EPIDORE.

Vous le sçaurez en aduançant deux pas.

MAGNETIE.

Allons i'en suis content.

POLICRITTE.

         Tu cours à ton trespas.

MAGNETIE.

Ah Madame sechez cette humide paupiere
Ne vous affligez point exaucez ma priere,
Et pour me tesmoigner l'amour que vous auez
Sy vous voyez ma mort plaignez moy mais viuéz.

Fin du quatriesme Acte.

M

ACTE V.

SCENE PREMIERE

ALEXANDRE, MAGNETIE, EPIDORE.

MAGNETIE.

L eſt vray i'ay frappé le Prince qu'on me nomme
Mais ſi ie l'ay tué ce n'eſt qu'en hon-
neſte homme,
C'eſt en ſe deffendant comme doit vn ſoldat
C'eſt l'eſpée à la main & dedans le combat,
Et c'eſt pour imitter ſa genereuſe enuie
Que me voulant tuer ie l'ay priué de vie,
Ie ne m'excuſe point d'vn ſemblable fortfait
L'honneur m'accuſeroit ſi ie ne l'auois fait,
Et ie ne rougis point d'auoir commis vn crime
Que le droit de la guerre a rendu legitime,
Que ſi vous eſtimez ſuiuant l'ordre des loys
Qu'on doiuent reſpecter le ſang qui vient des Rois,
Et que dans les hazards vne teſte ſacrée
Malgré nos intereſts doiuent eſtre reuerée,

Ou qu'vn Prince estant fils & protecteur des Cieux
Ne doiuent estre frappé que de la main des Dieux,
Et qu'aucune raison ne paroisse equitable,
Quand vn mortel respend de ce sang adorable
Ie vais faire cognoistre à vostre Maiesté
Que ie fus excusable en cette extremité,
Puis que ne sçachant pas qu'il eust cet aduantage
Ie n'agis seulement qu'en homme de courage,
Ouy sire en le voyant affronter tous les miens
Une pique en la main à la teste des siens,
Voyant qu'il couroit le hazard ordinaire
Comme vn simple soldat ou comme vn volontaire,
Ie le traittay desgal ie le tins de mon rang
Et ne creus pas faillir en respendant son sang,
Outre que ie seruois mon Prince & ma patrie
Et qu'enragé de voir tant de gloire fletrie,
Porté du desespoir dont mon cœur se troubloit
Ie n'estois plus moy mesme & l'ardeur m'aueugloit
Sire considerez qu'il estoit vostre frere
Pour recognoistre apres qu'il fut nostre aduersaire,
Que ie le mescongneust & qu'il m'estoit permis
De tuer à la guerre vn de mes ennemis.

ALEXANDRE.

Mais vous ne dites pas qu'il vous sauua la vie
Et que porté pour vous d'vne louable enuie,
Il vouloit seulement vous faire prisonnier

Etl'auoit desia fait en fort braue guerrier.
Mais qu'oubliant l'honneur & les loix de la guerre
Vous pristes vostre temps pour le porter par terre,
Et ne songeastes plus à le recompenser
Vous voyant en estat de pouuoir l'offencer,
Mais cette affaire estant d'assez grande impor-
    tance
Ie veux que mon Conseil en donne la sentence,
Et que pour me vanger & reparer ce tort
Il apreuue auec moy l'arrest de vostre mort.
Allez remenez le.

MAGNETIE.

       Sire il est raisonnable
Mais ie suis innocent.

SCENE II.

ALEXANDRE seul.

         *E*T *moy ie suis coupable*
Ouy ie recognois bien que ie l'accuse à tort
Mais pour estre en repos ie conclus a sa mort,
Et le voyant chery de la beauté que i'aymé
L'amour me fait courir à ce remede extreme,
Et dit en me dictant cét arrest rigoureux

Que s'il viuoit encor ie serois malheureux,
Ouy i'ayme Policritte & cela doit m'aprendre
Que puis qu'il à son cœur i'ay tort de le pretendre,
Et que malgré mes vœux ma flamme & mon pou-
    uoir
Sy ie ne le destruis ie ne la puis auoir,
Osons donc, mais grands Dieux quel est cette ad-
    uenture
Quoy donc desobliger vne main qui m'asseure,
Oublier Policritte en perdant son Amant.
Recompenser ses soins d'vn mauuais traittement,
Et non contant d'aller iusqu'à l'ingratitude
La punir d'vn suplice & si lasche & si rude
Ah changeons de dessein mon cœur esforce toy.
D'estouffer cette ardeur qui te donne ta loy,
Songe que cét amour ternira ton estime,
Que ie ne peux l'aymer sans te noircir de crime,
Et qu'en te laissant vaincre à cette passion
Tu pers auec l'honneur ta reputation ,
Songe que ses trauaux t'ont acquis la victoire,
Quelle a dans son malheur trauaillé pour ta gloire,
Et que pour te soumettre à son diuin pouuoir
Tu dois quiter l'amour & suiure le deuoir,
Tu dois quiter l'amour ah? changeons de langage
Ay-ie peur de perir m'enquai je de courage,
Et voyant qu'il faut faire vn naufrage si beau
Puis-je estre espouuenté par l'aspect d'vn tombeau

Non ie ne puis estaindre vne flamme immortelle
Ie sçay qu'on luy doit tout mais ie sçay qu'elle est
* belle,*
Et de quelque peché qu'on me puiss blasmer
Ie ne me puis resoudre à ne la point aymer
Ah destins finissez le mal qui me tourmente
Reueillez maintenant mon ame languissante,
Et donnant à mon cœur de meilleurs sentimens
Faites moy triompher de ces deux mouuemens,
Monstrez moy que ie dois respecter Policritte
Que sa beauté n'est point egalle a son meritte,
Et que malgré les traits que me lance ces yeux
Ie ne la dois aimer que comme ont fait les Dieux,
Rapellez mon esprit de ce desordre estrange
Monstrez luy sous quel ioug sa foiblesse le range
Et luy faisant brauer & l'amour & ses lois
Monstrez luy que les Dieux sont les peres des Rois
Mais loin de m'escouter ou de finir mes peines
Ralumez ce brasier qui brusle dans mes veines,
Faites vaincre ce Dieu que ie veux mespriser
Et redoublez mes fers bien loin de les briser,
Mais ô facheux discours criminelle pensee
Illegitime enfant d'vne flamme insensee,
Ne venez plus troubler le dessein que i'ay pris
Et vous Dieux tirez moy du piege ou ie suis pris,
Ou si vous desirez me traitter en coupable
Faites moy souspirer d'vn mal plus raisonnable,

Puis que si ie languis ou souffre le trespas
Sy c'est auec honneur ie ne m'em plaindray pas,
Mais cachons ces desseins ie voy venir la Reine.

SCENE III.

ALEXANDRE, OLIMPE, ALCIPE, EPIDORE,

OLIMPE

Ne me dites vous point ce qui vous met en peine
Seigneur vous paressez interdit & confus.

ALEXANDRE.

Ie le suis il est vray si iamais ie le fus.

OLIMPE.

Quel en est le suiet.

ALEXANDRE.

Ie m'en vay vous l'aprendre
C'est sur vn iugement que ie suis prest de rendre.

OLIMPE.

Pour qui, pour l'estranger?

ALEXANDRE.

Ouy Madame pour luy
Et c'est ce qui me trouble & m'atriste auiourd'huy,

Car voulant le punir d'auoir tué mon frere
Et pouuant le soumettre à ma iuste colere,
Ie ne sçai quel respect vient troubler mes desseins,
Faict que ie le condamne, & fait que ie le plains
Mais il faut.

OLIMPE.

Non Seigneur vous deuez vous resoudre,
Ou suiure la clemence ou plustost à l'absoudre,
Puisque quelque forfait qu'il puisse auoir commis,
C'est en seruant son Roy contre ses ennemis,
Mais criminel ou non donnez le à Policritte,
Accordez quelque chose à son rare merite,
Et luy donnant vn prix qu'elle à sçeu meriter,
Donnez luy le plus grand qu'elle ayt peu souhaiter,
Monstrez luy que bien loing d'auoir vne ame in-
　　　　gratte,
Contre vos interests voftre iustice esclatte,
Et qu'en vous despouillant de voftre plus grand
　　　bien,
Vous luy presentez tout & ne refferuez rien,

ALEXANDRE.

C'est bien luy tout donner que de donner mon ame,
Mais mon cœur esteignons cefte illicite flamme.

OLIMPE à Alcipe.

Entre ces deux parties il semble ballancer,

Va querir Policritte & la fais auancer
Afin que sa priere estant ioincte à la mienne
Face vn plus grand effort, va

ALEXANDRE.

Quoy qu'il en aduienne
Il faut, il faut qu'il meure.
OLIMPE.

Ah Seigneur voullez vous
Vous laisser emporter à ce bouillant courroux,
Vous qui sçauez brauer le peril des batailles,
Rompre des escadrons & forcer des murailles
Vous dis-ie qui courez dans les plus grands ha-
    zars
Auec autant d'ardeur que feroit le Dieu Mars,
Qui reuenez tousiours enuironné de gloire
Et que suiuant par tout l'honneur & la victoire
Voulez vous laisse[r] vaincre vn si foible ennemy
Apres tant de beaux faits ne vaincre qu'à demy,
Et ne pas tesmoigner en ce besoin extreme
Que qui sçay tout dompter peut se dompter soy mes-
    me,
Ah Seigneur mais voicy cét obiet nonpareil.

N

SCENE IV.

ALEXANDRE, OLIMPE. POLICRITTE,
EPIDORE.

ALEXANDRE la voyant à genoux.

MAdame,

POLICRITTE.

He bien Seigneur, que veut voftre Confeil.
Dois-ie viure ou mourir, enfin que dois-ie faire.

ALEXANDRE.

Vous refoudre à quiter l'affaßin de mon frere.

POLICRITTE.

Quoy donc il doit mourir ? ha Sire au nom des
*　　Dieux*
Et par ces tiedes pleurs qui coullent de mes yeux
Parce que vous aymez, par ces foufpirs de flame
Par mes viues douleurs par l'amour par Madame
Retractès cét arreft ayez pitié de luy
Soyez en ma faueur moins feuere auiourd'huy,
Et reffouuenez vous que s'il faut qu'il periffe
Il pourra m'accufer d'eftre voftre complice,

Puis que ie l'empeschay d'estre victorieux:
Et luy donnay les fers qu'il porte dans ces lieux,
Rappellez le passé dedans vostre memoire
Non pour voir que mes soins nous donnent la vi-
    ctoire
Que i'ay sauuay l'honneur de tous mes Citoyens
Destruit nos ennemis & conserue nos biens,
Non dis-ie pour sçauoir qu'on me doit vn salaire
Puis que quand i'aurois fait plus que ie n'ay dû
    faire,
Ie n'aurois fait encor que ce que i'aurois deu
Mais bien plustost pour voir celuy que i'ay perdu,
Ce malheureux captif dont i'ay causé le crime
Ce vaillant General que i'ayme & qui m'estime,
Et pour que maintenant i'embrasse vos genoux.

ALEXANDRE en la releuant.

He Madame, ces pleurs esteindront mon courroux
Ie sens que de pitié mon ame est toute attainte
Leuez vous.

POLICRITTE.
Accordez quelque chose à ma plainte,
OLIMPE.
Vous luy deuez vn prix donnez luy celuy-cy

ALEXANDRE bas.

Ie ne sçay que penser & que resoudre icy.

POLICRITTE.

Seigneur entherinez sa grace & ma requeste.

ALEXANDRE.

Bien pour toute faueur ie vous donne sa teste.
Madame vous laurés Epidore aprochéz,
Obserués bien cét ordre & sur tout despeschéz.

POLICRITTE bas.

Sa teste, ha vain espoir dont mon ame est touchée
Il me la donnera quand on l'aura tranchée,
Faignons apres ce bien, puisse les iustes Dieux
Vous combler du bonheur qu'ils goustent dans les
    Cieux,
Qu'ils ne tranchent iamais le fil de vos années,
Qu'ils augmentent vos biens auec vos destinées,
Et qu'apres auoir eu cent triomphe diuers
Vous puissiés estre vn iour Roy de tout l'vniuers.

ALEXANDRE,

C'est me vouloir des biens plus que ie n'en desire
Mais Madame escouttés i'ay deux mots à vous
    dire ,
Aduançons & pour vous attendés nous icy,

POLICRITTE restant seulle.

Ah Dieux cét entretien augmente mon soucy.

SCENE V.

MAGNETIE, EGISTRATE.

MAGNETIE dans la prison.

La mort dont le visage estonne le plus ferme
Ne me sçauroit surprendre ou troubler mes
　　esprits,
En l'estat ou ie suis ie la voy comme vn terme
Ou pour auoir couru ie dois trouuer vn prix.

Qu'oy qu'on nous la depeigne effroiable & cruelle
Toutte horrible qu'elle est ie n'en ay point d'effroy,
Car si chacun la craint, & si chacun fuit d'elle
C'est que chacun n'est pas malheureux comme moy.

Pour dõpter mes malheurs & brauer leur outrage
Ie me ris du destin en subissant sa loy,
Et dedans mes malheurs mon cœur à l'auantage
De vaincre l'ennemy qui triomphe de moy.

O Belle Policritte obiet remply de charmes
Regarde sans pleurer mon trespas auiourd'huy,
Puis qu'il est mal sçeant de respandre des larmes
Pour celuy qui mourant n'en verse pas pour luy.

Ayant perdu l'honneur c'est me porter enuie
Que de plaindre ma perte & de pleurer mon sort,
Car si ie n'ay gousté que des maux en ta vie
Ie ne dois esperer que des biens en la mort.

Elle est comme vn refuge à chaque miserable
Aussi tost que son d'ard la rengé sous ses lois,
A qui la sçait aimer elle se rend aimable
Et traitte les Bergers aussi bien que les Rois.

Ella adoucit les maux, mais l'on ouure ma porte.

EGISTRATTE.

C'est vôtre arrest de mort qu'vn lasche vous apporte

SCENE VI.

MAGNETIE, EGISTRATTE, EPIDORE,

EPIDORE en l'abordant rudement.

Monsieur il faut mourir, le Roy la resolu.
MAGNETIE.
He bien il faut vouloir tout ce qu'il a voulu
Mais auant que d'aller ou mon malheur m'apelle,
Permets moy de parler à cét homme fidelle.

Termine ces regrets ne verse plus de pleurs
Cette pitié ne peut qu'acroistre mes douleurs,
Non non, la mort n'est pas vne si triste chose
Elle n'est qu'vn effect dont la vie est la cause,
Et deuant l'accepter quand elle vient s'offrit
Tout homme à mal vescu qui ne sçai pas mourir,
Ie pouuois au combat perdre cent fois la vie
Ie pouuois estre attaint de quelque maladie,
Et dix mille accidens que i'ay voulu tenter
Pouuoient m'auoir osté ce que l'on veut m'oster
Puis quand i'euiterois le malheur qu'on m'apreste
Peut-estre qu'vn plus grand pent encor sur ma
    teste,
Et me feroit trouuer en fuyant celuy-cy
Un destin plus cruel que ie n'espreuue icy,
Par ce resonnement aprens qu'vn homme sage
Regardent d'vn mesme œil la bonace & l'orage,
Et que pour triompher des attaques du sort
Il mesprise la vie & se rit de la mort,
Aussi ce qui m'attriste en ce malheur extreme
C'est que ie ne puis voir la personne que i'ayme,
Et que l'on luy deffend de venir en ce lieu
Receuoir mes deuoirs & mon dernier adieu,
Mais va t'en la trouuer rend moy ce bon office
Conte luy de quel air ie vais a mon supplice,
Repette les discours que nous auons tenus,
Et quels bons sentimens nous ont entretenus,

Despins luy viuement la douleur qui me touche,
Dis luy que i'ay toufiours fon beau nom dans la
    bouche,
Et qu'il a tant d'appas qu'alors que ie mouray,
Pour mon dernier bon heur ie le prononceray,
De plus coniure-la de m'aymer & de viure,
Preffe la de me voir & de ne me point fuiure,
Et tefmoigne fur tout à ce diuain obiect,
Qu'aprés tant de malheurs ie peris fans fuiet,
Obferue fes difcours puis viens t'en me les dire,
Et me les dis toufiours iufquà tant que i'expire,
Va vifte ie me meurs.

EPIDORE.

Monfieur il fe fait tart,
Aduancons s'il vous plaift.

MAGNETIE.

Allons de quelle part.

EPIDORE.

Monfieur c'eft à regret qu'il fault que i'obeiffe,

MAGNETIE.

Ou m'a t'on deftiné le lieu de mon fuplice.
EPIDORE tenant fa tefte.
A quatre pas d'icy l'efchauffaut eft dreffé.

MA-

MAGNETIE.

Allons ie veux finir, comme i'ay commencé.

SCENE VII.

ALEXANDRE, OLIMPE, POLICRITTE,
MAGNETIE, EPIDORE, ALCIPE,
& toute sa Cour.

MAGNETIE. voyant cette assemblée.

Mais ô funeste aspect dont mon ame est
troublée
Dieux pour me voir perir la Cour c'est assemblée,
Et voulant adiouster l'infamie au malheur
Me veut faire mourir de honte & de douleur,
Ah! malheur sans remede, ha! traittement indigne,
Remply de tyrannie & de rigueur insigne,
Ah! comble de tristesse, ha dur surcroist d'ennuits
Que n'ay-ie ce bras libre en l'estat ou ie suis,
Que ne m'est il permis d'vser de violence
Pour punir à mon gré cette haute insolence,
Et pour faire cognoistre à ce peuple brutal
Qu'il m'aque à son deuoir & me cognoist fort mal,
Puisque c'est lacheté d'aller iusqu'à l'outrage
Lors que l'on veut punir vn homme de courage,

O

Mais le cœur me deffaut, ie ne me connois plus
Et de rage & d'horreur tous mes sens sont perclus.

POLICRITTE.

He Sire que dit-il, il parle de supplice.

ALEXANDRE.

Il en doit bien parler puis qu'il faut qu'il perisse.

OLIMPE.

Voyez le donc viuant pour la derniere fois
Le Roy vous faict ce bien malgré toutes les loix.

ALEXANDRE.

Ouy ie vous le permets.

POLICRITTE,

*   Cette grace est trop grande*
Et ce rare bienfaict excede ma demande,
Ouy Sire vous auez trop de bontez pour moy,
Et se seroit assez de me garder la foy,
Puis que ie me souuiens qu'a ma iuste requeste
Vous promettiez tantost de me donner sa teste.

ALEXANDRE.

Madame vous l'aurez si tost qu'il sera mort.

MAGNETIE,

Ab s'ensible discours.

POLICRITTE.

Ab rigueur de mon sort
Qu'ry' vous m'auiez promis de me donner sa vie
Vous le vouliez tantost & vous changez d'enuie,
La parole d'vn Roy se fausse t'elle ainsi
Quoy donc il doit mourir sans que ie meure aussi,
Quoy donc vous me tenez ainsi vostre promesse.

ALEXANDRE.

Bien vous mourrez tous deux mais i'entens d'a-
     legresse,
Magneiie aprochez & sans vous estonner
Receuez cét obiet que ie vous veux donner.
Quitez donc la douleur, la tristesse, & la crainte,
Et sçachez que ie n'ay pratiqué cette feinte
Qu'afin de vous causer plus de contentement
Et pour voir ces transports & son resentiment,
Si mes tresors n'ont peu contenter son enuie
Ie vous donne bien plus en vous donnant sa vie
Et ce bien esgalant ceux que vous m'auez faits.

POLICRITTE.

Termine nos malheurs.

MAGNETIE.

Et comble nos souhaits.

ALEXANDRE.

De plus ie vous permets de remener Nerée
Pour faire voſtre paix & la rendre aſſeurée
Afin qu'en la rendant au Prince Ipſycreon
Il renaiſſe entre nous vne entiere vnion.
Mais ie la voy qui vient.

SCENE VIII.

ALEXANDRE, OLIMPE, MAGNETIE, POLICRITTE, EPIDORE, NEREE.

ALEXANDRE.

Eſoluez vous Madame
D'aller reuoir vn Prince eſpris de voſtre flamme,
D'abandonner ces lieux & d'auoir pour eſpoux
Celuy qui ne l'anguit & ne vit que pour vous.

NEREE

Puis qu'il eſt aſſeuré qu'il faut que ie periſſe
Il m'eſt indifferent qu'il m'aime ou me haiſſe,

Mais toutefois grand Roy malgré mes desplaisirs
Puis que vous le voulez ie suiuray vos desirs
Outre que par ce mal augmentant ma tristesse
Son excez finira la douleur qui me presse,
Et me fera cognoistre en finissant mon sort
Qu'il ne m'importe pas de quel genre de mort.

ALEXANDRE.

Donc genereux Amant sortez de cette terre
Et puisque Policritte à fait cesser la guerre,
Finy tous nos malheurs auec nos differens
Ie combleray de biens elle & tous ses parens,
Et plaignant seulement la perte de mon frere
Mon peuple iouyra du repos qu'il espere,
Et se resouuiendra parmy ses plus grands biens
Qu'autre fois vn esclaue à brisé ses liens.

MAGNETIE.

Que le Ciel à iamais seconde vostre attente,

OLIMPE.

Qu'il conserue tousiours vostre gloire esclatante.

POLICRITTE.

Qu'il vous signale encor par de nouueaux exploits.

MAGNETIE.

Qu'il vous rende dans peu le plus heureux des
    Rois,
Et qu' apres auoir ioint la fortune au merite
Il face que chacun adore Policritte.

Fin du Cinquiesme & dernier Acte.

www.ingramcontent.com/pod-product-compliance
Lightning Source LLC
LaVergne TN
LVHW021724170726
843503LV00004B/1405